식품 전공, 식약처 출신 김태민 변호사의

식품창업 · 경영 · 법률

50가지
조언과
질의답변
20가지

식품 전공, 식약처 출신 김태민 변호사의

식품창업 · 경영 · 법률

50가지 조언과 질의답변 20가지

| 김태민 지음 |

YouTube 밥변아빠

좋은땅

목차

Ⅲ. 식품창업 · 경영에 대한 지원과 규제

IV. 식품창업과 스타트업 사례

V. 식품창업과 경영에 도움이 되는 FAQ

이 책을 식품창업자나 영업자가 읽어야만 하는 이유

다른 창업과 달리 식품창업을 준비하거나 이미 영업을 시작한 사람들에게 식품전문변호사로서 꼭 전하고 싶은 메시지가 있습니다. 실제로 강의를 할 때마다 강조하는 것인데, 식품분야는 맛이나 품질로 매출을 올리는 것도 중요하지만 법령을 위반하게 되면 한순간에 폐업에 이를 수 있는 매우 독특한 특징이 있다는 점입니다. 공산품과 달리 가격이 매우 저렴하지만 안전에 매우 민감하고 여론 재판에 영향을 받는 경우가 많다는 점 때문이기도 합니다.

그런데 식품창업자를 위해서 상권을 분석하거나 마케팅하는 방법, 혹은 맛을 내는 방법을 알려 주는 책이나 방송은 많지만 안전사고를 예방하는 데 기초가 되는 법률문제에 대해서는 어떤 수단도 없는 것이 현실입니다. 창업지원센터나 프랜차이즈본사도 제대로 알지 못합니다. 더 심각한 것은 법률을 집행하는 식품위생감시공무원조차도 관련 법령을 제대로 교육받고 업무를 수행하는 것이 아니라 실무에서 많은 문제가 야기되고 있습니다.

식품전문변호사로서 일반음식점 사장님부터 대기업 회장님까지 다양한 영업자들을 만나 보았고, 품질관리 담당직원부터 단속공무원까지 수천 명을 대상으로 식품관련 법령에 대해 강의를 해 왔습니다. 심지어 식품법률에 대한 민간자격증까지 만들어서 운영하고 있지만 식품창업자에게 모두 알리는 데 한계를 느꼈고, 식품창업예비자부터 실제 음식점·식품제조·가공영업을 시작한 사람들 모두에게 필요한 식품법을 포함한 모든 법률문제를 알리는 것이 의무처럼 다가왔습니다.

식품전문변호사 국내1호이자 유일한 식품전공, 식품의약품안전처 근무 경험이 있는 전문가로서 최소한의 의무라고 생각했습니다.

이미 다양한 사건이나 언론 보도를 통해서 경험했지만 식품사건이 발생하면 대기업의 경우에는 심각한 매출 감소와 회복 불가능한 브랜드 이미지 훼손이 따라옵니다. 중소기업이나 일반음식점의 경우에는 대다수가 폐업에 이르는 것이 현실입니다. 결국 사전예방을 위해서는 식품법을 제대로 알고 실천하는 것만이 유일한 방법입니다.

그런데 현실은 전혀 다릅니다. 영업자 교육시간은 점차 감소하고, 제대로 수강하지 않을 가능성이 큰 온라인 위주로 시행되고 있습니다. 물론 강의 내용도 부실하고, 창업자나 영업자들이 절실하게 필요한 부분을 가르쳐 줄 전문가도 없습니다. 이런 상황에서 식품창업이나 경영에 심각한 영향을 끼칠 수 있는 다양한 법률문제 등을 짚어 보고 사전에 대비할 수 있도록 내용을 구성해 보았습니다. 여전히 부족함을 느끼지만 식품분야에서 영업을 시작하려거나 시작했다면 최소한 알아야만 하는 부분을 중점적으로 담고자 노력했습니다.

일반음식점 창업부터 소위 핫하다는 공유주방이나 온라인 플랫폼 창업까지 식품에 관련된 것이라면 최소한 이 책에 나와 있는 정도만 알고서 시작한다면 사건·사고를 예방하고 성공으로 가는 종착지에 더 빨리 안전하게 도착할 것이라고 조심스레 예상해 봅니다.

성을 쌓은 자는 반드시 망할 것이며,
끊임없이 이동하는 자만이 살아남을 것이다

— 톤유쿠크 장군의 비문에서

사랑하는 딸 윤서에게

이 책을 바칩니다.

Ⅰ

식품창업
준비

식품창업·경영에 법률지식이 필요한 이유 001

식품전문변호사로 활동하면서 행정처분이나 기소된 형사 사건을 변호하는 일이 주 업무였다. 그런데 최근 식품분야 창업자들의 문의가 많이 생기면서 스스로 많은 생각을 하고 있다. 매번 발생한 사건의 뒤처리만 할 것이 아니라 사전 예방이나 올바른 규정을 알고 창업하도록 조언해 주는 것이 필요하지 않을까?

변호사라는 직업의 장점이 대기업 총수부터 성공한 중소·중견 식품기업의 대표 및 임직원들과 친분을 쌓을 기회가 많고, 이를 통해 다양한 성공 사례를 접할 수 있다는 점이기에 이러한 소중한 경험을 공유한다면 식품분야 창업자들에게 도움이 될 수 있겠다는 확신이 생겼다. 반대로 실패하거나 억울하게 피해를 당할 수 있는 사례들도 많이 접하기 때문에 이런 문제점들을 사전에 파악해서 창업 준비자들에게 알려 줄 수 있으니 이보다 더 좋은 조언자는 없을 것이다.

식품분야 창업이라고 하면 가까이는 식당이나 반찬가게 창업부터 푸드테크를 이용한 제조업과 프랜차이즈까지 다양한 분야가 있고, 기술적 문제까지도 조언과 더불어 상표, 특허 등에 대한 지식이 필요하게 되는데 식품전문변호사뿐만 아니라 식품분야 변리사로

도 활동하고 있기 때문에 창업자 내지 예비창업자에게 종합적인 컨설팅이 가능하다고 생각한다. 또한 그동안 3번의 창업을 경험했고, 사기업에서 무역과 해외 영업을 담당한 적도 있어서 단순히 법률적인 검토만 해 주는 법률전문가와는 차원이 다르다는 자부심도 있다.

창업에 대한 다양한 성공사례들이 사람들에게 많은 관심을 불러일으키고 있고, 지금까지 모든 초점은 식품관련 법령 위반 사항에 대한 적발 없이 경영적인 측면이나 마케팅의 성공 사례를 소개하는 것이 전부였지만 식품분야에 있어서는 경영이나 마케팅을 떠나 법적인 문제점을 해결하지 못하면 한순간에 전과자가 되면서 회사가 문을 닫는 경우가 발생할 수 있다. 그렇기 때문에 경영이나 마케팅 이전에 창업을 위한 법적인 문제도 반드시 알고 있어야 한다. 결국 아무리 경영 능력이 뛰어나도 식품사업을 하면서 위법 행위가 있으면 형사 처벌을 받으면서 동시에 영업정지에서 영업소 폐쇄까지 다양한 행정처분에 처해질 수 있기 때문에 식품분야 창업자 또는 예비창업자라면 식품관련 법령에 대한 기본 지식을 반드시 익혀야 한다.

그리고 창업을 하면서 상호나 브랜드에 대해 상표를 등록하거나 보유한 기술에 대해서 특허 등록을 함으로써 지적재산권을 보호함과 동시에 각종 사업자금 대출에도 유용하게 사용할 수 있다.

식품창업도 블루오션

2016년 국세청에서 발행한 '국세통계연보'에 따르면 2015년 한해 창업한 개인사업자가 106만 명이고, 같은 해 폐업한 개인사업자가 74만 명이었다. 창업한 개인사업자 중 17.1%인 18만 명이 음식업종이었다고 한다. 폐업한 74만 명 중 음식업종은 이보다 더 높은 20.6%에 달했다. 2018년도 역시 크게 다르지 않았다. 통계자료를 보면 식품분야 창업은 매우 암울한 미래만 있는 레드오션이 분명하다. 기술적 진입장벽이 없고, 간단하게 영업자교육만 받고, 시설을 갖춘 후 관할행정기관에 영업신고를 하면 식품접객업(음식점 영업)을 할 수 있기 때문에 많은 창업자들이 몰리고 있는 것이 현실이다.

특히 이들 중 대다수가 퇴직 또는 실직으로 창업을 시작하여 원래부터 이 분야에 종사한 사람이 아닌 경우가 많은 이유도 실패할 확률이 높아지는 데 일조했다고 생각된다. 그렇다면 식품 창업은 창업자의 무덤이 될 수밖에 없는가? 식품전문변호사의 대답은 당연히 'No'다.

실제로 대다수의 식품 창업자들은 식품위생법에 규정된 다양한 영업의 종류에서 식품접객업소에 치중되어 있고, 특별한 기술이나 재능을 가지고 창업을 하기보다는 가맹점

사업에 관한 법률에 따른 소위 '프랜차이즈 형태'인 가맹점으로 시작하거나 소규모 식당을 차리는 것이 전부다. 이러다보니 유행을 뒤쫓게 되고 '대만 카스테라 사건'처럼 방송 등의 사유로 소비자의 선호도가 급격히 감소하거나 유행이 지나가면 폐업에 이르게 되는 경우가 많다. 그렇지 않더라도 치킨이나 피자 등 유사 상호와 브랜드의 경쟁 과다로 인한 어려움도 크게 작용을 한다.

이런 실패의 유형들을 알고 매체에 보도되는 식품분야 창업 성공 사례를 보면 기존 식품접객업소(음식점) 창업자들과는 영업의 종류도 다르고, 접근 방법이 전혀 다르다는 것을 느끼게 된다. 실리콘밸리에서 성공한 피자제조 로봇을 활용한 창업이나 최근 국내에서도 1인 가구 증가로 각광을 받고 있는 '쿠킹 박스' 배송사업, 농수산물 산지를 직접 개척해서 당일 배송이 가능케 만들어 대기업에 인수된 '헬로네이처', 신선식품 당일 배송 원칙을 고수한 '마켓컬리'의 사례 등은 기존의 상식을 넘어 시대의 흐름을 제대로 읽고 실행한 성공 사례로 볼 수 있다.

　물론 식품접객업은 무조건 레드오션이니 새로운 종류의 영업을 찾으라는 것은 아니다. 하지만 창업이 성공하기 위해서는 결국 고객이 만족해야 하고, 매출이 발생해야 하기 때문에 고객의 요구를 정확히 파악하는 것이 가장 기본이다. 그러므로 남들이 가는 쉬운 길을 선택하기보다는 창업 준비과정에서 시장조사와 함께 사회현상에 대한 연구와 관련 법령에 대한 공부도 필요하다. 그런 노력이 수반된다면 식품분야 창업도 자신의 노력에 따라서 얼마든지 그 안에서 블루오션을 찾을 수 있다.

식품창업의 첫걸음, 업종 선택

003

'식품창업' 하면 일반적으로 음식점을 떠올리지만 결국 남들과 다르게 자신의 경험과 장점을 살려야 한다는 점에서는 다른 분야의 창업과 다르지 않다. 실제로 음식점 창업의 경우 폐업률이 다른 업종에 비해서 매우 높은 편이라는 통계는 이미 널리 알려져 있는데, 이유는 간단하다. 음식점 창업을 너무 쉽게 생각하고, 자신의 경험이나 능력 부족을 고려하지 않았기 때문이다.

무조건 음식점만 생각할 것이 아니라 안으로는 자신을 돌아보고, 밖으로는 철저한 시장조사와 고객의 니즈 분석을 통해서 시장이 필요로 하는 것이 무엇인지를 찾는 것이 중요하다. 소상공인이나 일반인이 축산물을 싸게 구매할 수 있도록 휴대폰 어플리케이션(앱)과 온라인 사이트를 운영하는 '미트박스'라는 식품벤처기업에 대한 소개를 보면 쉽게 이해할 수 있다.

미트박스는 20년 지기 친구들이 공동창업한 회사로 창업자들 중 한 명은 대형유통회사에서 축산물을 담당한 경험이 있었고, 다른 한 명은 IT회사에서 근무하면서 전문성을 키워 오다가 의기투합해서 만든 회사라고 한다.

국내에서는 창업이라고 하면 마치 20~30대의 전유물인 것처럼 생각되어 지원이 제한되거나 아예 시니어창업이라고 해서 65세 이상에게만 지원하는 제도가 많이 있는데, 오히려 경험을 살려서 성공 가능성이 높은 창업을 할 수 있는 시기가 40~50대라는 것은 실리콘밸리에서도 이미 입증된 바 있다. 창업이 가장 절박하면서도 경험이 풍부한 연령대다.

미트박스 창업자에 따르면 소비자가 축산물 주문 시 가격정보에 어두운 나머지 유통업체의 영업에 휘둘릴 수밖에 없는 현실을 개선하면 성공할 수 있을 거라고 확신했다고 한다. 자신의 경험을 통해 원가가 투명하기 어려운 축산물 유통구조를 알고 있었기에 가능한 아이디어였다.

결국 업종 선택은 유행에 따를 것이 아니라 창업자 자신의 경험과 장점을 제대로 분석하는 것에서 출발해야 한다. 식품 창업은 현재 음식점 창업에 너무나 치우쳐 있다 보니 논란이 되고 있는 가맹점 오너의 문제나 가맹본부의 횡포에서 벗어나기 어렵다. 또한 시설 기준에 대한 엄격한 관리로 인해 식품제조·가공업 분야 창업은 초보자들에게 매우 어렵고, 작은 실수로도 전과자가 되면서 행정처분을 받아 거래처로부터 계약이 해지될 위험에 노출되기 쉽다.

결론적으로 창업은 자신의 인생을 걸고 시작해야 하는 어려운 작업이므로 자신의 능력을 최대한 발휘해서 성공할 수 있는 업종을 선택하는 것이 가장 중요하다.

식품창업은 기술창업

초등학생들에게 인기를 끌고 있는 '피젯 스피너'라는 장난감이 있다. 특별한 기능이 있거나 멋진 디자인이 있는 것도 아니고 단순히 돌아가기만 한다. 그런데 왜 인기가 있을까? 전문가들에 따르면 이렇게 단순하게 돌아가는 것은 보고 있는 사람에게 안정감을 주고 집중력을 키워주기 때문이라고 한다.

사람들이 자기도 모르게 습관처럼 손을 꼼지락거리거나 볼펜을 반복적으로 누르는 행위나 돌리는 행위 등도 이런 행동의 일종이라고 한다. 그런데 이렇게 유명한 장난감을 발명해서 특허 등록까지 마친 사람은 돈을 벌지 못했다. 돈이 없어서 등록 갱신을 하지 못했고, 결국 특허가 만료되어 지금은 누구나 특허 사용료를 내지 않아도 되기 때문에 비교적 싼 가격에 사용이 가능하다고 한다. 최초 발명자에게는 매우 안타까운 일이다.

유튜브에서 가장 유명한 강의를 모아 놓은 TED라는 강연회에서 한 강사는 현존하지 않는 신규 사업의 실패확률이 기존 사업을 따라서 하는 사업의 실패확률보다 몇 배는 높다고 했다. 한편으로는 당연하다고 생각하면서 기술 창업의 어려움을 새삼 느끼게 해 준다. 변리사 업무도 하다 보니 간혹 기존 시장에 존재하지 않은 새로운 제품을 개발하는 발명자들을 만날 기회가 있다. 분명히 획기적이고, 다른 사람이 생각하지도 못했던 새로운 기술은 맞지만 이것을 시장에 내놓기 위해서 얼마나 많은 관문을 통과해야 하는지 상담을 하면서 점점 부정적인 생각이 커지게 된다.

발명을 등록시키는 것이 목적인 변리사 업무와 달리 변호사로서 기존 법령을 준수하면서 성공적으로 시장에서 판매될 수 있는 제품인지를 검토하는 것은 전혀 다르다. 특히 식품이나 의약품, 의료기기 등 전통적인 산업의 경우 기존 법령의 높은 담장을 뛰어넘어 새로운 제품을 판매하는 것은 정말 긴 시간과 커다란 인내심이 필요하며, 충분한 자금력도 필요하다.

식품분야에서 비교적 성공에 도달할 기간이 가장 짧은 부분은 원료물질, 특히 건강기능식품에 관한 법률에 따라 식품의약품안전처로부터 기능성을 인정받을 수 있는 신규 물질을 제조하는 것이다. 매우 어렵겠지만, 다른 나라에서 섭취되는데 국내에는 제대로 알려지지 않은 원료를 수입하는 일도 또한 해당될 수 있다. 결국 식품분야의 창업은 기술이 필요한 창업이다.

아무리 통계가 중요하고 실패확률이 적다고 해도 결국 'High Risk, High Return'이라는 말을 생각해 보면 역시 식품분야는 기술적인 신규 제품이 꼭 필요하지만 의약 분야보다는 비교적 쉬운 분야고, 창업자라면 한 번쯤 시도해 볼 만한 도전이라고 생각해 본다. 기존 법령이나 제도를 두려워만 하지 말고 기업가정신과 기술력으로 무장한 창업자들이 더욱 많이 생기길 기대한다.

철저한 준비과정은 필수

대학에 창업관련 과목이 개설되거나 창업동아리가 인기를 끌고, 정부도 다양한 창업 지원 대책을 내놓으면서 창업자들을 유혹하고 있다. 하지만 대다수의 창업자들은 매출이 발생하지 않거나 초기 계획이 제대로 실행되지 못해 실패하는 경우가 많다. 그리고 실제 사업을 하면서 초기 투자비용 투자시기로부터 한참을 지나서야 이익이 발생해서 결국 비용부담을 이기지 못하고 폐업을 하는 경우도 많다. 특히 식품 창업은 이런 문제를 동일하게 품고 있으면서 경쟁까지 치열하고, 관련 법령이 까다로워 창업자의 무덤이 되고 있다. 이런 어려움을 피하기 위해 프랜차이즈로 식품창업을 시작하지만, 쉬운 창업을 돕는다는 가맹본부의 광고만 믿다가 열에 아홉은 1년을 넘지 못하고 폐업하는 것이 시장의 현실이다.

결국 모든 것은 철저한 준비에 달렸다. 실제로 창업컨설팅 회사들도 창업자들에게 시작하기 전에 창업 준비계획서를 작성할 것을 강하게 권유하고 있다. 계획서에 구체적인 확인 사항과 체크리스트를 꼼꼼히 작성해서 진행할 필요가 있고, 마케팅에서 사용되는 창업의 강점과 약점 등을 제대로 이해하고 이를 해결할 방법을 강구해 놓지 않는다면 실패하기까지 그리 오래 걸리지 않음을 알게 될 것이다. 또한 단순히 장밋빛 미래만을 꿈꾸는 것이 아니라 실제로 플랜B 등 다양한 돌파구를 마련해서 창업을 시작한 후 발생할 문제에 대해서 당황하지 않고 차근차근 해결해 준비가 되어 있어야 한다. 모든 창업은 계획대로 진행되지 않는다. 그렇기 때문에 모든 계획서를 더욱 구체적으로 작성해야만 한다.

식품 창업도 일반 창업과 크게 다르지 않다. 일반적으로 제조업의 경우 시설 및 설비를 갖추는 데 막대한 자금이 필요하기 때문에 초기에는 자체 공장 없이 제조 위탁을 통해 제품을 생산해서 판매하는 회사들이 많다. 이 경우 믿을 만한 제조사를 선택하고 제품 생산을 면밀하게 챙기지 않으면 제품에 문제가 발생해서 제품을 회수해서 폐기하는 사건이 발생할 수도 있고, 심한 경우 경찰에 고발되어 전과자가 될 수도 있다.

식품 창업 예비자들은 그래서 일반적인 창업 준비과정과 함께 식품위생법의 기본 개념과 위법 사례들에 대해서 공부하면서 이를 사전에 인지하고 대비해야만 한다. 그리고 식품의약품안전처 홈페이지나 각종 영업자단체 홈페이지를 통해서 법령 개정 등의 정보를 지속적으로 습득하고 이에 대비도 해야 한다. 고생스럽지만 구체적이고 철저한 창업 준비만이 시장에서 살아남을 수 있다.

식품창업의 시작은 식품법 공부

경제회복을 위해서는 일자리 창출도 중요하지만 근본적으로 일자리를 제공할 수 있는 법인이나 개인사업자가 증가해야 하고, 그러기 위해서는 결국 창업 환경이 규제 완화를 통해 변해야만 한다. 100세 시대를 살면서 이제는 국민 모두가 예비창업자다. 여기서 말하는 창업자란 피고용인이 아닌 상태로 노동을 통해 소득을 올리는 모든 사람을 포함하는 포괄적인 개념으로 볼 수 있는데, 결국 모든 국민이 해당될 수밖에 없다.

이렇게 모든 국민이 예비창업자가 될 상황에서도 실제로 준비를 철저히 하는 사람은 보기 어렵다. 본격적으로 창업을 준비하는 사람들도 기껏 프랜차이즈 가맹본부에서 진행하는 설명회에 참가하거나 동네 상권을 보는 게 전부이며, 관련 사업에 대한 법률적 리스크나 문제에 대해서 조언을 들으려는 사람도 없다. 이러다 보니 창업을 마치 '대박 아니면 쪽박'이라는 심정으로 로또복권 구매하듯이 운명에 맡기는 일이 비일비재하다. 결국 예비창업자들은 가장 쉽게 접하는 업종이기도 하면서 누구나 음식 조리 경험이 있으니 큰 어려움이 없을 거라는 오판으로 식품접객업에 뛰어든다. 불나방과 다를 바 없다.

식품법 교육을 다니는데, 교육 대상으로 전국 지방자치단체 식품위생감시공무원들이 학생인 경우가 대부분이다. 이때 공무원들이 가장 많이 하는 질문이 청소년에게 주류 제공을 했다가 형사 재판에서 무죄 또는 선고유예를 받더라도 행정처분이 가능한지 여부와 영업정지 기간이 시작되기 전에 폐업 신고서를 영업자가 제출한 경우 처리 여부다. 이 밖에 온·오프라인을 통해 일반 건강식품 또는 건강기능식품 판매업을 하는 영업자의 경우 홈페이지나 광고전단의 문구 등이 식품위생법이나 건강기능식품에 관한 법률에서 금지하고 있는 허위·과대광고에 해당 여부도 많다. 공무원이 제대로 식품법을 알지 못할 정도로 우리나라 식품관련 법령은 매우 많고, 어려운 것이 현실이다. 하지만 그렇다고 손을 놓고 있을 수도 없고, 운에 맡기면서 창업을 해서는 안 된다. 결국 창업자가 공무원보다 더 열심히 해야 한다.

식품분야는 아이디어를 가지고 창업을 하는 IT·기술 분야와 완전히 다르다고 할 수는 없지만 다른 분야보다 법령 규정이 매우 까다롭기 때문에 법령과 규제 검토가 반드시 필요한 분야다. 그러므로 식품접객업, 식품판매업, 식품제조업 등 식품에 대해서라면 어떤 영업의 종류를 시작하는 창업자라도 스스로 직접 공부를 하거나 전문가의 조언을 받아서라도 무모하게 아무 준비 없이 시작하지는 말아야 한다.

까다롭고 복잡한 식품법

시작이 반이라는 말도 있지만 창업은 예외다. 무작정 시작해서는 안 되는 일 중 하나다. 창업은 준비가 반이라는 말이 오히려 맞다. 각종 창업 설명회가 난무하고 장밋빛 청사진을 제시하지만, 사업은 아무리 99가지가 완벽히 준비되어도 한 가지가 잘못되면 바로 실패한다는 점을 명심하고 조심스레 접근해야만 한다. 특히 남이 하는 것을 보고 별것이 아닌 것처럼 쉽게 생각할 수 있는데, 겉만 보아서는 안 되고, 그럴수록 더 주의해야한다. 식품제조·가공업을 하면서 품목제조보고 변경신고를 안 하면 전과자가 되고, 식품접객업을 하면서 주방기기를 제대로 씻지 않고 보관하다가 식중독균이라도 검출되면 꼼짝없이 전과자가 되면서 영업정지 등의 행정처분을 받게 된다. 식품법은 어느 하나 무시해서는 안 된다.

식품분야 영업자가 되기 위해서는 영업자 교육을 받게 되는데, 짧은 시간이지만 열심히 들을 것을 권유한다. 특히 식품제조가공업을 준비하거나 시작한 사람이라면 각종 준비서류부터 소규모 HACCP 등 여러 가지 인증에 대한 정보도 매우 중요하다. 식품의약품안전처에서 인증하는 HACCP 이외에 농림부에서 진행하는 무농약이나 유기농 인증, 이밖에 각종 외부 기관의 인증도 많기 때문에 국내 영업이 목적인지 수출이 목적인지에

따라 준비해야 하는 것도 분명히 다르다. 이런 인증 제도에 대한 명확한 이해 없이 소비자를 속이지 않는다는 신념만 가지고 제품에 표시나 광고를 진행할 경우 전과자가 되거나 행정처분을 받을 수도 있다. 매해 식품분야 종사자 가운데 5,000여 명 정도가 전과자가 된다는 사실을 명심해야 한다.

식품법에서는 구체적인 표시를 위해서 「식품 등의 표시기준」이라는 고시를 운영하고 있고, 이밖에도 제조·가공에 있어서는 「식품의 기준 및 규격」이라는 고시가 있다. 식품 제조·가공업을 시작하려는 영업자라면 이 두 개의 고시는 반드시 숙독하고, 자신이 제조하는 제품이 어떤 유형에 속하는지 찾은 후에 정확하게 기준과 규격을 숙지해야 하며, 구체적인 표시 기준에 따라 제품 포장지에 인쇄될 내용을 확정해야 한다.

사실 고시를 숙독해야 한다고 권하지만 솔직하게 만만한 작업이 아니다. 법률전문가인 변호사들조차 식품을 제대로 알지 못하거나 경험이 없다면 고시 내용을 이해할 수 없다. 또한 식품전공자라도 법률을 제대로 몰라서 해석하기 어려운 부분이 많다. 결국 이런 문제는 인터넷 검색 등을 통해 가장 적합한 전문가를 찾아야 한다. 까다롭고 복잡한 식품법을 꿰뚫고 있는 전문가가 아니라면 절대로 어떤 조언도 구해서는 안 된다.

관리 불가능한 식품사건 발생 문제 8

2017년 유럽에서 시작된 살충제 계란 사건이 대한민국을 혼란의 도가니로 몰아넣었다. 가짜 백수오 사건이나 가짜 인삼 사건과 비길 수도 없을 정도로 공포가 커진 이유는 아마도 계란이 우리의 일상생활에서 빼놓을 수 없는 식재료이기 때문일 것이다. 이후 정부의 무능한 대처가 이 사건을 더욱 확대시켰고, 자극적인 언론 보도가 앞다투어 나오자 결국 '농피아'와 식품안전관리인증(HACCP)제도까지 문제제기가 되는 상황이 발생했었다.

이런 불안이 계란이 사용된 가공식품에까지 퍼지게 되자 식품접객업소와 집단급식소에서는 계란 사용을 줄였고, 계란이 포함된 과자류나 빵류 등에 대해서도 소비가 감소했었다. 게다가 친환경인증과 함께 정부에서 적극적으로 추진하고 있는 식품안전관리인증(HACCP)제도에 대해서 인증 남발 문제 등이 불거졌고, 한 소비자단체는 농장과 인증기관을 상대로 부당이익반환 및 손해배상 소송까지 진행하겠다고 발표했었다. 농민 단체도 관련 사안에 대해서 고발 조치를 준비했다고 보도될 정도로 상황이 매우 좋지 않았다. 이런 사건들은 영업자가 관리할 수 있는 범위에 있지 않다. 식품 창업의 또 다른 어려움 중에 하나다.

　다른 분야에 비해서 식품분야는 매출이나 영업 환경이 언론이나 소비자들의 정서로부터 큰 영향을 받는다. 소비자들이 실제로 매일 구매하고 섭취하기 때문일 텐데, 안타깝게도 잘못된 정보가 많이 배포되어 문제가 발생하기도 하고 살충제 계란 사건처럼 정부의 안일한 대응이나 관리 부실이 원인인 경우도 있다. 하지만 이런 원인 제공자인 정부에게 식품분야 영업자나 창업자들은 어떠한 요구도 할 수 없고, 하지도 않았다. 영업자는 수범자로서 국회에서 정한 법률과 이에 따라 정부에서 규정한 시행령, 시행규칙과 고시 등에 따라 영업행위를 하는 것이 전부이다. 해당 법령을 위반하면 처벌이나 행정처분을 받게 되지만 살충제 계란 사건처럼 아무런 잘못도 없이 피해를 입게 되는 경우에는 어디에 하소연할 곳도 없다. 식품분야는 다른 어떤 분야보다 관리 불가능한 안전 사건이 많이 발생한다.

　결국 식품분야 영업자가 할 수 있는 일은 조속히 사건이나 사태가 마무리되고 국민들의 관심이 무뎌지기를 기다릴 수밖에 없는 실정이다. 식품 창업의 가장 큰 단점 중 하나다. 식품 창업은 초기 진입 장벽이 없지만 영업자 스스로 통제 불능한 사안들이 많은데, 안전사고가 특히 그렇다. 이런 점도 반드시 고려해서 창업 준비를 해야 한다.

규제 장벽에 막힌 식품창업

소비자 불안이 점점 커지면서 최근에는 살충제 계란을 넘어 유럽산 소시지에 이르더니 결국 인간의 절반을 차지하는 여성이 인생의 절반을 착용하는 생리대까지 문제가 확대되고 있다. 특히 생리대 시장은 국내 대기업과 외국계 기업이 전체 시장을 차지하고 있기 때문에 중소업체는 진입조차 어렵고, 제품의 특성상 각종 화학물질이 다수 함유될 수밖에 없는 제조 환경이다. 그런데 한 시민단체와 모 대학교 교수가 시중에 판매되는 생리대로 유해물질 함유에 대한 실험을 했고, 그 결과를 발표하자 식품의약품안전처는 실험을 인정할 수 없다고 반박했다. 그러자 시민단체는 급기야 기업 명단을 공개하면서 불안은 극에 달했었다. 이로 인해 해외 유기농 생리대를 수입하는 업체가 가장 큰 이익을 얻었다는 이야기가 있을 정도다.

이밖에도 공정거래위원회 산하 한국소비자원에서 시중에 판매되는 각종 햄버거 제품을 수거해서 미생물 실험을 했고, 일부 제품에서 식중독균이 기준치 이상 검출되었다고 발표하자 해당 업체에서는 검체 수거 절차 문제를 언급하면서 법원에 공개금지가처분 신청을 하기도 했다. 이에 대해 한국소비자원은 소비자들이 실제 구매하는 것과 동일한 방법으로 수거를 해 보았기 때문에 식품위생법을 지킬 필요가 없다고 항변했지만 그런 이유라면 굳이 식품위생법에 따라 실험방법을 지킨 이유는 무엇인지 궁금하다. 공공기관에서 자신들의 편의에 따라 선택적으로 법령의 규정을 지키는 것은 용납될 수 없다. 공공기관조차 이 모양이니 일부 시민단체는 더 말할 것도 없다. 공인 검사 기관에서 수행한 시험 결과가 아닌 것을 아니면 말고 식으로 발표하기도 한다. 물론 이렇게 된 원인은 정부가 제공한 것이다.

정부가 제대로 일을 못하니 시민단체나 공공기관이 나설 수밖에 없는 현실이다. 선제적 대응은커녕 사건이 발생하거나 이슈가 생겨도 서로 책임을 떠넘기기에 급급할 뿐, 국민들이 신뢰할 수 있는 정보를 제공하지 않고 숨기기만 하니 이제는 많은 국민들이 정부의 발표를 믿지 않는다. 오히려 SNS를 통해서 정보를 공유하면서 정부를 비웃는 실정이다.

이런 상황이라면 국내 경제의 제일 하단에서 버티고 있는 영세 자영업자들에게는 도저히 희망이 보이지 않는다. 정부가 경영과 창업을 방해하는 것이나 다름없다. 사회가 혼란에 빠져 외식 횟수도 줄고, 가용 소득이 줄어 소비가 위축되면서 가장 피해를 보는 것이 식품분야다. 어려운 상황이라는 것은 공감하며, 창업자금을 지원하는 것도 중요하지만 창업환경을 조성하는 문제가 정부의 역할임을 알아야 한다. 식품 창업과 경영을 방해하는 정부는 존재가치가 제로이기 때문이다.

Ⅱ

식품창업·
경영의 실제

창업 형태의 결정

창업을 준비하는 경우 대다수 개인사업자로 시작하다가 어느 정도 매출이 증가하면 법인으로 전환하는 경우가 대부분이다. 전환 시점에 대해서는 세금과 관련된 문제와 장부 기입 등 여러 가지 세무적인 것이 중요하므로 세무사와 상의하는 것이 낫다. 그런데 이런 세무적인 부분과 별개로 식품 창업의 경우 식품위생법 등 관련 법률의 처벌 조항 등도 고려할 필요가 있다.

예를 들어 식품 회사를 운영하다보면 부득이하게 직원의 과실이나 예상치 못한 원재료 등의 문제로 수사를 받는 경우가 발생할 수 있다. 이런 경우에도 법인 설립이 유리하다. 범죄 행위자를 처벌하는 것이 형법의 원칙이기 때문에 우선 회사에서 발생한 모든 위법행위는 그 행위자를 처벌하는 것이 먼저이지만, 개인사업자의 경우 일단 위법행위를 개인사업자 대표가 직접 한 것으로 보거나 지시를 했다고 간주하는 것이 보편적이다. 규모가 작은 탓도 있지만, 개인사업체에서 직원이 부당이익을 편취하기 위한 시스템이 전혀 없는 상황에서 그런 일을 혼자 결정해서 할 이유가 전혀 없기 때문이다. 하지만 법인의 경우는 조금 다르게 흘러갈 수 있다.

　식품위생법 제100조에서는 양벌규정을 두고 있는데, "법인의 대표자나 법인 또는 개인의 대리인, 사용인, 그 밖의 종업원이 그 법인 또는 개인의 업무에 관하여 제93조제3항 또는 제94조부터 제97조까지의 어느 하나에 해당하는 위반행위를 하면 그 행위자를 벌하는 외에 그 법인 또는 개인에게도 해당 조문의 벌금형을 과하고, 제93조제1항의 위반행위를 하면 그 법인 또는 개인에 대하여도 1억5천만 원 이하의 벌금에 처하며, 제93조제2항의 위반행위를 하면 그 법인 또는 개인에 대하여도 5천만 원 이하의 벌금에 처한다. 다만, 법인 또는 개인이 그 위반행위를 방지하기 위하여 해당 업무에 관하여 상당한 주의와 감독을 게을리 하지 아니한 경우에는 그러하지 아니하다"고 규정하면서 범죄행위자 외에 법인의 대표자나 법인을 처벌하고 있다.

　일반적으로 직원이 그런 범죄행위를 한 경우에 법인의 관리의무 위반이 있기 때문이다. 하지만 단서조항에 규정된 것처럼 법인이 주의와 감독을 게을리 하지 않았다는 것을 입증한 경우 양벌규정으로 처벌되는 것을 방지할 수 있다. 그렇기 때문에 식품회사는 직원 교육을 매우 철저히 해야만 한다. 법인의 경우 일단 규모가 개인사업체에 비해 큰 이유도 있지만 무조건 대표이사가 처벌을 받는 것도 아니고, 실제로 대주주나 과점주주가 대표이사와 반드시 동일시되는 것이 아니기 때문에 처벌을 피할 수도 있다. 그리고 무엇보다 양벌규정 단서조항을 적용받아, 교육을 통해 주의감독 업무를 해태하지 않은 경우 처벌을 받지 않는다. 실제로 법인의 경우 책임자를 처벌하는 것이 일반적인 관행이기도 하다.

사업운영방식을 결정하는 요인은 매우 다양하다. 단순히 형사 처벌이 두려워서 개인사업자가 아닌 법인으로 운영하는 영업자는 당연히 없겠지만 이처럼 다양한 요인들을 고려해서 결정해야 함이 마땅하다. 결국 창업에 있어서 1인 창업이 아닌 다수가 모여 창업을 하는 경우 주식 지분으로 함께 참여할 수 있는 장점도 있고, 대출 등의 요인 등에서 장점도 있기 때문에 결과적으로 법인이 유리하다고 판단된다.

식품창업과 동업의 위험

'형제끼리도 동업만은 하지 말라'는 속담이 있을 정도로 동업을 경험해 본 사람이나 간접적으로 듣기만 한 사람들 모두 동업의 문제를 잘 알고 있다. 하지만 실제로 사업을 하다 보면 모든 부분에서 한 명이 잘 할 수는 없고, 자금부족이나 기술개발 등의 부족으로 동업을 하는 경우가 많다. 하지만 대다수의 창업자들이 동업을 쉽게 생각하고 시작했다가 추후 사업이 성공하면 성공하는 대로, 실패하면 정산 등의 문제로 인해 매우 고통을 겪는 사례가 많다. 동업에 대해서는 주식회사인 법인과 또 달라 법리적으로 매우 복잡한 운영 방식과 정산 문제가 있기 때문에 사업 초기에 이익 분배나 투자 및 대여 관계 등을 명확히 한 계약서를 작성하는 것이 가장 중요하다.

일반적으로 동업이라고 부르는 형태를 민법에서는 조합으로 보고 여기에 포함되는 재산을 합유라고 하며, 합유 재산을 처분할 경우 반드시 모든 동업자가 동의해야 한다고 규정하고 있다. 그리고 동업의 탈퇴에 대해서도 존속기간이 정해지지 않은 경우라면 자유롭게 탈퇴가 가능하며, 설사 정해져 있다 하더라도 부득이한 사유가 있으면 탈퇴가 가능하다. 특히 합유물의 경우 민법 제273조에 따라 분할 청구도 못하고, 전원 동의 없이는 처분을 하지 못하는 특징이 있다. 사업 초기 이런 합유 부분에 대한 개념이 없이 시작했다가 정산을 하거나 동업자 중 1인이 탈퇴하면서 문제가 발생하는 경우가 많다.

실제로 동업자였던 자를 상대로 업무상 횡령이나 배임, 사기 등의 내용으로 고소하는 사례도 많고, 정산금이나 대여금 등에 대한 민사 소송도 당연히 많이 발생한다. 결국 동업 당시 정확한 수입 배분 비율과 투자 비율 등의 책임 범위를 명확히 설정해서 정하는 것이 제일 현명한 방법이다. 우리나라의 경우 어떤 일을 시작할 때 계약서를 작성하자고 요청하면 인정이 없다거나 너무 따지기만 하는 사람으로 치부되어 이런 요청을 먼저 하는 것에 대해 매우 부정적이고 소극적인 관점에서 바라보고 있는데 앞으로 이런 시선이 바뀌지 않는 이상 동업으로 인한 분쟁은 결코 종식되지 않을 것이다.

식품사고를 포함해서 모든 분쟁은 사전 예방이 최고지만 실제로 이런 대응책을 준비하지 않고 문제가 발생한 후에 사후약방문으로 처리해 봐야 결국 모든 손해를 피할 수가

없다. 동업자의 마음이 내 마음과 같을 수가 없고, 사업이란 결국 금전 문제와 직결되어 있기 때문에 반드시 법률 전문가의 도움을 받아 창업 초기부터 이런 문제들을 슬기롭게 대처해 나가야 한다. '좋은 게 좋은 것'은 결코 아니다.

법인 설립과 이사 결정

최근에 주변 일반음식점에서 발급한 영수증을 보면 주식회사가 선명하게 인쇄된 것을 쉽게 볼 수 있다. 즉, 개인이 아닌 법인에서 음식점을 운영하는 경우다. 특히 대형식당이나 프랜차이즈 식당을 여러 개 운영하는 경우 하나의 개인사업자로 운영하지 않고, 법인을 설립해서 하나의 회사가 운영하는 것이 일반적이다. 그리고 이런 형태가 더욱 효율적이다. 법인이란 쉽게 풀어 설명하면 법으로 사람처럼 행동할 수 있게 만들어 놓은 것이다. 사람처럼 의사결정도 하고, 세금도 내고, 직원도 고용하고 대부분의 법률적인 행위를 거의 사람과 동일하게 할 수 있다. 이렇게 되면 혼자가 아닌 여러 명이 주주로 법인을 설립해서 머리를 맞대고 좋은 아이디어를 공유하고 자신의 장점을 살려 상호간에 이익이 될 수 있는 확률이 커진다. 이런 이유로 현대사회에서는 거의 모든 영업이 법인의 형태로 운영된다.

법인에는 이사회, 주주총회 등이 가장 중요한 역할을 한다. 우선 법인설립을 위해서는 법인을 운영하면서 책임을 지는 사람이 필요한데, 보통 이런 사람들을 이사라고 한다. 회사의 주인인 주주들이 모여 의사를 결정하는 것을 주주총회라고 하고, 회사의 중요한 사안에 대해 결정권을 가지고 있는 책임사원들의 최고의사결정기관은 이사회라고 하며, 마지막으로 회사 운영을 확인하는 감사로 구성되어 있다.

하지만 상법상 자본금 10억 미만의 법인은 감사 선임이 의무가 아니므로 다수의 회사들이 감사 없이 이사회와 주주총회로만 구성되어 있다. 주주총회는 보통 1년에 한 번 열리지만 이사회는 수시로 회사에서 발생하는 다양한 사건에 대해서 그때그때 결정을 해야 하므로 자주 개최된다. 이렇게 이사로 선임된 사람 중에서 대표성을 가지는 사람을 흔히 대표이사라고 한다.

그런데 일반적으로 전무이사, 상무이사와 같은 명칭이 중요한 것이 아니라 공식적으로는 등기이사로 임명되어야 이사회에 참여할 권한이 발생한다. 그리고 일반적으로 회사라는 조직에 속한 자를 선임할 경우 사내이사라 칭하고, 외부에서 변호사나 교수 등을 선임하여 회사 감시업무를 수행하는 이사를 사외이사라고 한다. 법인에서 반드시 사외이사를 두어야 하는 것은 일정 규모 이상의 회사만 해당되며 실제로 사내이사 1인 회사도 설립이 가능하므로 회사의 규모와 목적에 따라 다양한 이사 구성이 가능하다.

등기이사의 경우 일반사원보다 매우 높은 급여를 받게 되는데 여러 이유가 있지만 그만큼 책임이 따르기 때문이다. 특히 대표이사의 경우 식품위생법상 양벌규정 때문에 회사 직원의 과실 등으로 위법행위가 발생했을 때 심하면 전과자가 되거나 개인적으로 손해배상을 당할 수도 있다. 창업 이후 법인을 설립하면서 누가 등기이사를 하고, 그 중에 책임이 가장 큰 대표이사를 누가 할지도 미리 결정해 놓아야 한다.

등기이사의 역할과 의무

영어로 법인은 'Coporate'이나 'Foundation'으로 나뉘고 영리목적 여부에 따라 영리법인과 비영리법인으로 나뉜다. 우리가 사업을 위해서 설립하는 것은 영리법인이다. 일반적으로 주식회사라고 칭하며, 주식회사에는 회사의 주인인 주주가 있고, 그 회사를 경영하는 이사가 있다. 회사의 운영을 위해서는 돈이 필요한데, 최초의 운영자금이 자본금이 된다. 과거에는 자본금이 최소 5,000만 원이었던 시기가 있어서 자본금이 부족한 경우 어쩔 수 없이 개인사업자로 사업을 할 수밖에 없었던 시절이 있었지만 지금은 자본금이 100만 원만 되어도 법인 설립이 가능하기 때문에 개인사업자로 시작할지 법인으로 시작할지는 오로지 창업자의 선택에 달린 문제가 되었다.

법인설립 후에는 이사를 선임해야 하는데 이는 주주총회에서 결정하게 된다. 초기 창업자들의 경우 대주주가 대표이사를 맡는 경우가 대부분인데, 1인이사로 경영되는 회사의 경우 엄밀히 따지면 대표이사가 없고, 사내이사 1인이므로 그냥 대표라고 칭해야지 대표이사라는 말은 사용해서는 안 된다. 대표이사라 함은 여러 명의 사내이사 혹은 사외이사들 가운데 대표라는 의미이기 때문이다. 주식회사에서 이사의 업무 수행은 고도로 전문적인 지식을 필요로 하면서 또한 이사로서 선량한 관리자 의무와 충실의무, 경업피

지의무, 자기거래금지의무, 보고의무, 비밀유지의무, 감시의무 등 각종 의무와 회사에 대한 손해배상책임과 자본충실의 책임, 제3자에 대한 책임 등 너무나 무거운 책임을 부담한다.

물론 이에 대한 반대급부로 일반 직원에 비해 이사의 보수는 매우 크다. 주로 월급, 연봉, 현물급여 등의 형식을 취하나 그 명칭 여하를 불문하고 그것이 경영활동에 대한 대가인 성질을 가진다면 모두 보수가 되며, 법에서는 통상적으로 사용되는 교통비나 판공비 등 실비 지급은 보수가 아닌 것으로 판단하므로 주의를 요한다. 또한 법인의 경우 개인사업자와 달리 세무신고를 위해 복식부기를 작성해야 하며, 각종 장부도 까다롭게 관리해야 해서, 대표이사나 주주라 하더라도 임의로 인출할 경우 업무상횡령이 될 수 있다.

이사의 보수에 대해서는 상법에서 절차가 정해져 있고, 법원에서도 상당성과 적정성에 대한 판결이 다수 나올 정도로 매우 중요한 사안이기도 하다. 특히 식품 창업자의 경우 외부로부터 투자유치를 받게 된 후 일시적으로 이사들이 그동안 어려웠던 시기의 보상으로 보수를 일시에 높여서 책정할 수 있지만 전부 주주총회에서 승인을 받는 것이 일반적이므로 향후 논란이 되는 것을 방지하기 위해서는 사전에 준비를 철저히 해야 할 것이다. 등기이사의 경우 막중할 의무가 있는 반면 그 역할에 걸맞은 보상도 있다.

식품창업에 대한 사모펀드의 투자

모든 창업자들의 꿈은 두 가지다. 영속적인 기업으로 발전시키는 것과 소위 엑시트 (Exit)를 통해 자신의 회사 지분을 양도하고 현금을 확보하는 것이다. 전통적인 창업에서는 당연히 전자인 영속적인 기업으로 발전시켜 삼성이나 현대와 같이 글로벌회사 내지 최고의 기업으로 발전시키는 것이 목표였다. 하지만 미국 실리콘밸리의 예처럼 정보통신기술의 발달과 더불어 새롭게 변화하고 있는 지금의 창업시장에서는 스타트업을 발전시켜 투자자로부터 펀딩을 받고, 적당한 시기에 자신의 지분을 양도하는, 즉 회사를 매도하면서 현금을 확보하는 것을 선호한다.

자본주의가 발달하고 기업에 대한 활발한 대규모 투자가 빈번히 발생하는 미국과 달리 국내에서 소규모회사로 창업하여 오로지 자신의 힘으로 대기업이 되는 것은 과거와 달리 매우 어려워진 것이 현실이다. 그래서 창업한 회사를 중심으로 다른 회사를 인수·합병하면서 기업의 규모를 키울 수밖에 없다. 이런 과정에서 혼자 힘으로 자금 조달이 어려울 경우 일반적으로 은행이 아닌 투자회사를 찾게 되는데, 흔히들 사모펀드로 불리는 곳이다. 이런 사모펀드는 스스로 직접 투자를 결정하고 실행하기도 한다. 최근에는 이런 사모펀드 중 한 곳이 국내 식품회사를 집중적으로 매수하고 있어 업계의 관심을 끌고 있다. 바로 앵커에쿼티파트너스라는 회사다. 이 회사는 이유식 1위, 2위 업체인 베베쿡과 앨빈즈, 천지양과 같은 홍삼제조판매업체 등 다양한 식품 회사를 인수했고, 투썸플레이스같은 대기업에도 투자를 단행했다.

이런 사모펀드의 목적은 무조건 수익이다. 그래서 다양한 회사를 인수해서 기업의 가치를 높인 후 적당한 인수자를 찾아서 되판다. 햄버거 전문업체인 버거킹을 보고펀드가 인수한 것도 같은 맥락이다. 이렇게 식품분야에 대해 사모펀드가 관심을 가지고 계속해서 인수하는 것은 매우 고무적인 일이라고 판단된다. 다른 산업과 달리 규제가 많지만 제품에 대한 품질만 확실하다면 고객의 신뢰를 얻는 것이 매우 용이하기 때문에 식품분야가 이들 사모펀드를 유혹할 수 있다고 생각된다. 그러나 이런 사모펀드들이 모두 좋고, 잘하는 것은 아니다. "남자한테 참 좋은데"라는 유명 카피를 직접 만든 회장이 경영하던 식품회사가 사모펀드에 넘어간 후 원료를 속이는 등으로 계속해서 문제가 발생하

고 있으며, 회사 매출도 많이 감소한 것으로 언론에 보도되기도 했다. 수익도 중요하지만 식품산업의 특성상 고객의 대한 신뢰가 우선인 것을 보여 주는 단적인 예다.

식품기업은 고객의 신뢰가 우선이지 전문경영인이 숫자로 이익을 만들기 위해 비용을 줄이고, 광고를 하는 것이 전부가 아니다. 식품창업의 기본은 고객의 신뢰, 관련 법령의 준수가 우선이라는 점을 식품기업들이 간과해서는 안 된다. 당장의 눈앞의 이익을 바라는 것이 아니라 고객의 신뢰 확보와 좋은 품질의 제품을 공급한다는 목표에 있어서는 여전히 사모펀드보다 전통적인 식품 기업에 장점이 있다. 결국 식품업계에 대한 이해와 고객에 대한 신뢰를 얻으려 하지 않는 사모펀드는 단기 이익만을 추구하다 오히려 고객으로부터 외면당하는 경우가 발생할 수도 있고 궁극적으로는 재매도가 어려운 상황에 직면할 수도 있다.

사모펀드 투자의 성공 사례

흔히 개인사업자로 시작하다가 일정 규모가 되면 법인으로 전환한다. 여러 가지 이유가 있겠지만 결국 혼자 힘으로는 한계가 있기 때문이다. 다양한 주주들의 자본과 기술, 인맥 등을 활용해서 함께 성장할 수 있는 장점이 있기 때문에 법인 전환은 거의 필수다. 물론 처음부터 법인으로 시작할 수도 있다. 실제로 자본금이 100만 원만 있어도 법인 설립이 가능하고 1인 사내이사도 가능하기 때문에 주식회사를 상호에 붙이기 위해서 많은 창업자들이 법인으로 시작하는 것이 추세기도 하다. 세금 역시 법인세가 종합소득세보다 세율이 월등히 낮기 때문에 세무사들도 일정 규모가 되면 전환을 권유하기도 한다.

그러나 단순히 세무나 외부 인식보다는 결과적으로 투자를 이끌어내기 위해 법인으로의 전환을 요하는 경우가 많다. 개인사업자의 경우 투자라기보다 결국 대여금의 형태로 대표 개인에게 자금을 빌려 주거나 동업의 형태가 전부나 추후 분쟁이 발생할 가능성이 너무 크다. 반면 법인의 경우는 자본금을 증액하거나 대표이사 개인 지분을 양도하는 방식으로 회사의 주식을 인수하면서 그 인수금액에 따라 투자를 받으면 동업으로 인해 발생하는 분쟁을 방지하는 데 큰 효과가 있다.

자본금은 액면가로 명확하게 가격이 정해져 있지만 투자자 입장에선 수요와 공급의 법칙에 따라 주식의 가격이 변동하므로 자신의 의지에 따라 액면가의 10배에서 수천 배에 이르는 주식을 사는 경우도 있다. 실제로 주식시장에서 상장된 기업의 액면가 100원짜리 주식이 수십만 원에 거래되는 것을 쉽게 볼 수가 있다. 이렇게 주식의 가격이 변동하기 때문에 회사가 어려운 상황일 때 회사 자산이나 영업력을 높게 평가한 사모펀드가 막대한 부채를 앉고 있는 식품회사를 싼 가격에 인수하는 것이다.

대표적인 예가 웅진식품이다. 정수기, 건설 등 다양하게 문어발식 확장을 하던 모그룹이 어려워지자 비교적 우량했던 웅진식품을 한앤컴퍼니라는 사모펀드가 인수를 했다. 이후 수년이 지나, 적자였던 웅진식품의 이익이 200억 원을 넘어서자 인수 금액인 950억 원의 최소 2배 이상인 2,600억 원이 넘는 가격으로 대만회사에 매도되었다. 이렇게 사모펀드는 어려운 상황에 있는 기업을 인수해서 막대한 자금력과 전문 경영인을 투입해 정상화시킨 후 보유 지분을 매각함으로써 이익을 얻는 집단이다. 한앤컴퍼니처럼, 사모펀드가 식품업계에서 크게 활동하고 있는데, 이는 과거와 달리 식품회사의 성장성이 인정받은 것이고, 다수의 성공 사례를 통해서 소비자들에게 신뢰받는 제품을 만드는 식품기업이라면 도전할 가치가 있다고 판단했기 때문이다. 결국 이렇게 적극적인 자본들이 식품분야에 지속적으로 들어온다면 창업을 하거나 현재 중견기업을 운영하는 식품회사까지 좋은 영향을 받을 수 있다.

최근에도 추세에 따라 외식업에서 주식회사 프레시지(www.fresheasy.co.kr)같은 즉석제조식품 회사에 대한 사모펀드의 관심이 집중되고 있다고 하니, 업계 동향을 주목하는 것도 필요하다.

국내 식품창업과 투자 사례

미국의 실리콘밸리가 발전한 원인은 여러 가지겠지만 그중 가장 차별적인 것은 바로 아낌없는 투자가 가능한 인수·합병 시장의 활성화다. 실제로 나스닥에 상장해서 큰 주목을 끌었던 주요 IT 및 바이오벤처들 중에는 우리나라였다면 아예 기업의 유지조차 힘들었을 사례도 많다. 미국에서는 대기업을 비롯한 다양한 벤처캐피탈에 속한 투자가들이 기업의 미래를 보고 적극적으로 투자하는 경향과 환경이 조성되어 있기 때문에 국내와 달리 기업 간 활발한 투자가 일상화되어 있다. 국내 코스닥시장도 기술특례상장제도가 있다. 하지만 여전히 부족한 점이 많고, 결국 투자 시장 활성화를 위해서는 국내 대기업들이 보다 적극적으로 벤처기업에 투자를 할 필요가 있다. 그나마 최근 IT분야에서는 과거와 달리 대기업들의 공격적인 투자가 활발한 것으로 보인다. 하지만 식품분야에 있어서는 여전히 갈 길이 먼 것처럼 생각되는데, 이런 가운데 대기업인 동원홈푸드의 벤처투자 전략은 눈부신 성과를 거둔 것으로 평가되고 있다.

동원홈푸드는 더반찬이라는 브랜드를 가진 더블유푸드마켓을 300억에 인수했다고 알려졌는데, 이미 인수된 회사의 가치가 2,000억까지 증가했다고 하니 매우 성공적인 투자라고 할 수 있다. 이밖에도 2014년 국내 최대 조미식품 기업이었던 삼조쎌텍을 합병해서 조미·소스부문 사업을 확장하면서 외식 프랜차이즈업체에 대한 다양한 제품 공급으로 자리매김을 할 수 있었고, 2015년에는 축산물 유통업체마저 인수해 전통적으로 수산전문기업으로 인식되던 회사의 이미지마저 바꾸어 버렸다. 물론 CJ도 다양한 식품회사를 인수하면서 식품분야 인수 및 합병에 적극적으로 나서고 있고, 유통업체들도 과거와 달리 열심히 알짜회사를 찾는 것으로 알려져 있어 탄탄한 중견기업을 운영하는 식품회사들에게 좋은 기회가 되고 있다.

이렇게 자본력을 갖춘 대기업이 식품회사를 인수해서 해당 기업의 가치를 높이고, 기업을 양도한 주주들이 다시 그 돈으로 새로운 창업을 하면 그것이 바로 선순환이 되어 식품창업에 큰 발전이 있을 것이라 생각된다. 그리고 지금까지는 식품제조회사나 판매회사들이 대기업의 인수 대상이었지만 앞으로는 식품정보를 제공하거나 다양한 서비스를 제공하는 회사들에 대해서도 폭발적인 관심이 예상되고 있다. GMO완전표시제와 함께

소비자들이 가장 궁금해하는 식품첨가물과 영양성분 정보를 제공하면서 올바른 식품선택을 돕는 애플리케이션 '엄선'을 운영하는 주식회사 트라이어스앤컴퍼니도 이런 회사 가운데 하나로 대형 벤처캐피탈을 비롯한 다수의 투자가 진행되고 있다. 이밖에 공유주방을 운영하는 위쿡 등 새로운 형태의 식품분야 창업이 활발하게 진행되고 있다.

현재 벤처기업육성을 위해 중소기업벤처부에서도 다양한 정책과 자금지원을 아끼지 않고 있지만 식품분야에 대해서는 농림축산식품부도 푸드테크·푸드스타트업 포럼을 설립해서 식품분야 창업자를 위해서 규제 개선이나 입법 등의 다양한 지원 정책을 마련하기 위해 노력하고 있으므로 향후 식품분야에도 우수인재가 더욱 몰려들어 최고의 결과물이 나올 것이다. 정부는 시장 활성화를 위해 최소한의 규제로 기업의 자율성을 높이는 데 노력하는 것이 최선이다.

식품창업과 최저임금의 위협

모든 개인사업자와 법인에 '일자리 안정자금' 안내서가 송부되었다. 2019년부터 최저임금이 8,350원으로 2년 연속 대폭 상승하면서 정부가 소상공인 인건비 부담을 덜어주기 위해서 시행하는 사업을 설명하기 위한 자료라고 한다. 이미 대다수의 소상공인이 최저임금 상승으로 인해 직접적인 타격을 입고 단기근로노동자들을 해고할 수밖에 없는 상황에 직면하자 이에 대해 정부에서 급하게 대책 마련을 위해서 시행하는 것으로, 30인 미만을 고용한 사업주가 월 보수 190만 원 미만의 근로자를 고용하면 1인당 13만 원을 지원하는 제도다. 예산 3조가 배정됐고, 최대 300만 명이 혜택을 받게 된다고 하는데 과연 실효성이 있을지는 의문이다. 임시방편으로는 절대로 문제를 해결할 수 없다.

최저임금 인상으로 가장 타격을 받는 대상은 식품접객업, 즉 휴게음식점이나 일반음식점을 경영하는 개인사업자다. 그리고 식품제조가공업을 통해 생산하는 회사도 그에 못지않게 피해가 크다. 많은 식품회사 대표들이 이제 인력채용보다 설비강화로 투자 추세가 변할 것이라고 말한다. 특히 영세한 대다수의 식품접객업소에 일하는 종사자들은 본인들의 이익을 위해서 비용으로 인식되는 4대보험료 신고를 꺼린다.

　그런데 영업자와 근로계약 시에 이런 조건을 구두로 합의하지만 퇴사하면서 고용노동부 등에 이를 빌미로 신고하거나 약정된 금액 이상을 요구하는 사례가 매우 빈번하게 발생하고 있는 것이 현실이다. 이런 경우 영업자들은 꼼짝없이 전과자가 됨과 동시에 가산금까지 납부하면서 모든 피해를 고스란히 부담할 수밖에 없다. 실제로 청소년 주류 판매 시 영업자의 과실이 매우 경미한 경우 과징금을 1/10까지 감경할 수 있는 규정이 있는 것처럼, 계약이란 당사자 간의 합의이므로 4대보험 신고의 경우에도 최초 근로자가 동의한 경우라면 전과자가 되지 않도록 규정을 개정하고, 다른 처벌도 받지 않도록 개정되어야 한다.

　이런 상태가 지속된다면 많은 영업자들이 전과자가 되는 것은 물론 계속되는 근로자들의 협박과 공갈로 차라리 가족만의 도움으로 사업을 하려는 경향이 심해지거나 기존의 고용 현황도 축소할 수밖에 없다. 어쨌든 지금처럼 급격히 상승하는 임금을 부담하는 것은 결코 쉬운 일이 아니다. 실제로 100만 원을 근로자에게 지급하더라도 영업자는 4대 보험과 기타 비용으로 120~130만 원 정도를 부담하는 것이 현실인 상황에서 이제 인건비 부담이 가장 큰 위협이 되어 버렸다.

사람을 1명 고용하는 것은 단순히 물건을 구매하는 것과는 차원이 다르다. 고용지원 자금 13만 원 때문에 고용과 해고를 결정하는 영업자는 없다. 결국 중요한 것은 비용 부담을 감수하면서 사업을 지속할 수 있는지의 문제라는 점을 간과해서는 안 된다. 성과보고를 위한 정책을 추진하다 보면 항상 이처럼 효과보다 홍보에 초점을 둔 경우가 많은데 거의 대부분이 실패할 수밖에 없다. 이런 정책을 바라보면서 창업을 하거나 경영을 하는 영업자에게는 폐업이 필수다.

식품창업과 4대보험 신고

일반음식점 등 식품 관련 창업을 경험한 영업자라면 누구나 4대보험(건강보험, 국민연금, 고용보험, 산재보험)의 무서움을 알 것이다. 근로자들은 자신들이 받는 월급만 생각하지만 영업자 입장에서는 해당 근로자의 4대보험을 부담하는 것 역시 비용이기 때문에 매우 부담이 큰 부분이다. 실제로 소규모 분식점 같은 휴게음식을 포함한 다수의 식품접객업소에서 근무하는 근로자의 경우 근로자와 영업자 쌍방의 합의에 따라 4대보험에 가입하지 않고, 월급만 지급하는 사례가 많다. 근로자 입장에서도 기혼인 경우 이미 한 사람이 직장에서 4대보험에 가입된 경우 이중으로 부담하는 것을 피하기 위해 이런 제안을 먼저 하는 경우도 많다.

하지만 이런 불법행위는 해당 근로자가 퇴직할 시 문제가 된다. 이미 많은 영업자들이 경험한 것이기도 하고, 생각보다 동일한 내용으로 꽤 많은 상담을 하고 있다. 결과는 방법이 없다. 결국 근로자가 원하는 대로 들어줄 수밖에 없다. 4대보험 신고를 하지 않으면 영업자가 처벌을 받을 수 있다는 점 때문에 영업자는 결국 근로자와 최초 구두로 계약했던 모든 내용을 모두 무시하고, 퇴직금과 위로금까지 지급하는 경우도 봤다. 이런 현실을 반영해서 최근 고용노동부 장관이 '4대보험 미가입 특별 자진신고기간'을 연장하겠다는 발언을 국회에서 할 정도로 심각한 사회 문제가 되고 있는 것이 현실이다.

　2018년 최저임금이 8,350원으로 인상되면서 소상공인을 위해 '일자리 안정자금 지원사업'이 시작되었지만 개별 영업자가 체감하기에는 와닿지 않는데, 그 이유가 바로 지원사업 대상이 되기 위해서는 4대보험 가입이 필수라는 점이다. 이미 수년간 고용한 직원들에 대해 4대보험을 지급하지 않았던 영업자의 경우 첫째, 해당 근로자들의 거부와 반발이 있을 것이고, 둘째로 그동안 가입 신고하지 못한 부분에 대한 개별 기관의 대응도 두려울 것이며, 마지막으로 향후 지속적으로 지급해야 할 4대보험 비용을 고려하면 지원금을 받는 것보다 그다지 이익이 크지 않다고 느낄 것이다.

　결국 아무리 좋은 정책이 시행되어도 현실을 제대로 포용하지 않은 탁상행정이라면 공염불에 그칠 수밖에 없다. 또한 각종 정부 위원회에 실질적인 전문가가 포함되지 않아 해당 위원회가 내놓을 정책이 매우 우려된다는 내용이 많은데, 식품 창업과 고용에 대한 해결책을 모색하는 전문가들의 회의에도 현실을 제대로 인지하고 있는 분들이 많이 참여할 수 있는 기회가 제공되어야 할 것이다.

　1인 창업이 붐이라고는 하나 실질적으로 혼자서는 사업을 영위할 수 없고, 결국 고용은 필수다. 그런데 현실은 고용에 대한 막연한 지원보다 실질적인 해결책이 필요한데 정부의 정책을 보면 그렇지 못한 것처럼 보인다. 식품분야의 특성상 영세자영업자가 많다는 점과 우리 실생활과 밀접한 관련이 있다는 점을 고려하여 정부는 창업이 활성화될 수 있는 실질적인 지원방안을 고민해야 한다.

식품창업과 노무관리의 중요성

고용은 단순 비용문제를 넘어서 해고의 부담 때문에 사업을 하면서 가장 어려운 일 중 하나다. 실제로 최저 임금 인상으로 최근 주식시장에서 식품제조업체들의 주가가 하락하였고, 식품접객업소 역시 매우 어려운 시기를 보내고 있다는 것은 여러 차례 언급했었다. 인건비 증가, 점포관리비 및 임대료 상승, 경기 불황 등의 요인으로 창업자의 부담이 계속 늘어나고 있는데, 이런 문제를 해결하는 가장 현실적이고 쉬운 방법은 기존 근로자를 해고하고 가족의 도움을 받는 것이다. 실제로 창업 초기 배우자나 형제와 자매 등 가족의 도움을 받아 비용 절감과 효율성을 추구하는 것이 일반적이다.

고용으로 인해 발생하는 문제는 비단 금전적인 것에 국한되지 않는다. 직원을 해당 직무에 맞게 교육시키는 것부터 시작해서 사고 예방, 태도 등으로 인한 스트레스 등 종류도 많다. 최근에는 성희롱이나 성폭력 등의 사고도 빈발하고 있고, 실제로 이런 사고를 예방하기 위해서 5인 이상 사업장의 경우 예방 교육까지 의무로 규정되어 있으므로 반드시 사업자가 챙겨야 한다. 게다가 직원들 간에 문제가 발생하더라도 사업주로서 관리·감독의 책임이 있기 때문에 피해 직원으로부터 영업자나 회사가 직접 손해배상 소송을 당하는 경우도 있다. 그 대표적인 사례가 바로 서울중앙지방법원 2016가단5172087

사건이다. 업무수행과 시간적·장소적으로 밀접한 상황에서 직장상사가 부하 여직원을 성폭행했다면 회사에도 손해배상책임이 있다고 하였는데, 이런 법리에 따라 사업장에서 발생하는 일반 행정 사건과 함께 직원들 간의 문제까지도 모두 사업자의 책임이 존재한 다는 것을 명확히 확인한 판결이다.

또한 성폭력범죄처벌 등에 관한 특례법 제10조(업무상 위력 등에 의한 추행)에서는 업무, 고용이나 그 밖의 관계로 인하여 자기의 보호, 감독을 받는 사람을 위계 또는 위력으로 추행한 자는 2년 이하의 징역 또는 500만 원 이하의 벌금에 처하고 있다. 여기서 추행이란 피해자의 의사, 성별, 연령, 행위자와 피해자의 이전부터의 관계, 행위에 이르게 된 경위, 구체적 행위 태양, 주위의 객관적 상황과 그 시대의 성적 도덕관념 등을 종합적으로 고려하여 결정되는데, 중요한 것은 피해자의 의식이므로 회사 내에서 직원들 간에 관련 문제가 발생하지 않도록 세심한 주의를 기울이면서 교육에 관심을 가져야 한다.

고용의 문제는 부품이나 설비를 구매하는 것과는 전혀 차원이 다른 문제다. 정부는 이런 문제에 대한 인식 없이 단순히 비용 부담을 지원한다는 취지로 일자리 안정자금 신청을 독려하였으나, 현장에서는 이런 취지가 무색하게 해고와 1인 경영이 점차 확산되었다. 고용에 대한 인식의 전환이 절실한 시점이다. 또한 영업자도 직원에 대한 인식을 바꾸고, 법정 교육 의무 이수 등에 관심을 가져야 한다. 인사 사고는 미리 알려 주고 찾아오지 않는다.

식품창업과 인재 채용

창업자들에게 가장 서글픈 일은 자신이 고용하는 근로자보다 수입이 적은 것이 아닐까? 실제로 2015년 보도된 한 신문기사에 따르면 50대 이상 자영업자의 월평균 수입 100만 원 미만이 절반을 차지한다는 것이었는데, 매우 극단적인 기사라고 폄하할 수도 있겠지만 현실을 제대로 반영한 것일 수도 있다. 조사를 실시한 연구원은 국민연금연구원 소속이며 공공기관의 발표이기에 매우 신뢰도가 높다. 또한 이런 50대 이상 자영업자가 운영하는 곳에서는 일반적으로 무급가족종사자가 반드시 있기 때문에 실질적인 수입을 고려하면 '1인당 수입이 100만 원 이하'일 가능성이 크다.

그렇다면 대학졸업자의 수입은 어떨까 궁금하다. 우선 2016년 미국 대졸자 평균연봉은 4만3000달러로 원화로 환산하면 약 4,500만 원에서 5,000만 원 사이이다. 중국의 경우는 중국21세기교육연구원 발표 자료에 4천854위안으로 원화 환산 85만 원이었다. 국내의 경우 한국고용정보원 발표 자료에 따르면 약 200만 원 정도로 나오고 있다. 즉 연봉으로 보면 2,500만 원에서 3,000만 원 사이로 보면 된다. 식품분야의 경우 금융이나 전자에 비해 다소 적은 연봉이라는 것을 고려하더라도 대다수가 영세중소기업인 산업의 특성상 식품 스타트업의 연봉은 매우 박할 것이다.

　이런 가운데 스타트업 중에서 대기업보다 훨씬 높은 연봉을 제시하는 곳도 많이 나오고 있어서 구직자들의 주목을 받는 회사들이 있다. 보도에 따르면 해산물 정보 제공 서비스를 운영하는 한 스타트업 회사의 3년 차 연봉이 6,000만 원이라고 해서 화제가 되고 있다. 회사 이름도 매우 특이한데, '인어교주해적단'이라고 한다. 전국 수산시장의 상인들과 제휴해서 정확한 가격과 업체 정보를 제공해서 큰 호응을 얻는 회사로 알려져 있다. 그리고 식품첨가물 및 영양성분 정보를 제공하는 '엄선'이라는 애플리케이션을 운영하는 주식회사 트라이어스앤컴퍼니에서도 석사 영양사 출신 경력직을 채용하는데 연봉을 4,000만 원 가까이 지급한다고 했다. 이 정도면 중견기업 수준이다.

　사실 구직자들에게는 정해진 급여보다 스타트업에서 지급할 스톡옵션 등이 더 매력적인 조건이다. 현실보다 이상을 추구하는 스타트업의 특성과도 제대로 맞아떨어진다. 스타트업에서 관리하는 대다수의 근로계약에는 스톡옵션이 포함되는 경우가 많다는 점도 구직자에게 제대로 알릴 필요가 있다.

'벤처'나 '스타트업' 하면 박봉에 열악한 근무조건을 예상하는 사람들에게 매우 희망적인 정보라고 보이는데, 이미 식품분야 대기업들도 과거와 달리 비교적 높은 연봉을 지급한다는 사실은 널리 알려진 사실이므로 이런 점을 고려하면 아주 새로운 것도 아니다. 창조적인 아이디어로 시장에서 인정받아 살아남을 수만 있다면 이미 그 회사는 투자자들로부터 러브콜을 넘치게 받을 것이며, 창업자뿐만 아니라 직원들도 아주 좋은 환경에서 근무할 수 있다. 이제는 스타트업의 열악한 근무환경보다 적절한 보상과 복지로 경쟁하는 회사가 점점 늘어나고 있다는 점도 널리 홍보할 필요도 있다. 아이디어는 결국 사람에게서 나오는 것이고, 창업자의 한계를 극복하는 것은 결국 우수한 인재로 구성된 스타트업의 집단지성이다.

식품창업과 세금

　영화 속에서 미국국세청 IRS(Internal Revenue Service)는 저승사자보다 더 무섭다는 대사가 많은 것처럼 국내에서도 식품 창업자를 포함한 모든 영업자에게 세금은 임금과 더불어 가장 부담되는 부분이다. 실제로 사업을 해 보면 1월은 전년도 하반기 부가가치세 납부, 4월은 1분기 부가가치세 예정세액 납부, 5월 종합소득세 납부, 7월 상반기 부가가치세 확정세액 납부, 10월 3분기 부가가치세 예정세액 납부, 11월 종합소득세 예정세액 납부로 거의 1년의 반이 세금을 납부하는 달이다. 게다가 다수의 식품접객업소가 편의를 위해서 모든 비용과 매출 처리를 POS(Point of Sales, 판매시점 정보관리시스템)를 사용하고 회계 장부 작성에 대해서 세무사에게 기장을 의뢰하기 때문에 매월 사용료와 기장료도 지급해야 한다.

　다행히 이런 세금 납부 관련 인터넷 서비스 제공업체가 많이 증가하고 있어서 매월 10~20만 원에 상당하는 고액의 기장료를 10~20% 수준으로 절감할 수 있다고는 하지만 실제로 회계 지식이 전혀 없는 식품접객업소 영업자나 복잡한 복식부기를 실행해야 하는 제조·가공업 법인의 경우 이용이 쉽지 않다. 그러나 식품위생관련 법률만큼이나 까다로운 회계 규정과 세법에 대해서 제대로 공부하지 않을 경우 불필요한 세금을 많이 납부하거나 추후 세무조사에서 가산세 처분을 받는 불이익을 피할 수 없다.

  그렇기 때문에 비용처리를 위한 영수증 하나부터 입금 내역과 직원들의 임금, 4대보험 등 모든 것을 전부 영업자 스스로 관리해야만 한다. 특히 세금계산서의 경우 국세청 홈페이지 홈택스(www.hometax.go.kr)를 통해서 추가 비용 없이 무료로 전자세금계산서를 발급할 수도 있는데, 필수 조건이 영업자용 공인인증서를 발급받아야만 한다는 점도 알아 두면 도움이 된다.

  이밖에 개정된 영업용 차량에 대한 감가상각 및 사용에 대한 상한제도 신설 등 차량유지비에 대한 회계 처리도 꼼꼼히 따져야 추후 종합소득세 신고 시 신고 오류가 발생하지 않을 것이므로 사전에 기장을 담당하는 세무사와 계속해서 교감을 가져야만 한다.

세무사나 변호사 등 전문 직역을 담당하는 사람들은 기본적으로 고객을 위해서 성실하게 업무를 보려 하지만 개별 고객에 대한 정보가 한정되어 있으므로 영업자가 본인의 업무에 특수한 상황이 있거나 개별적인 사안이 발생할 경우 조속히 알리는 것이 중요하다. 그런 상황이 충분히 고려되어 회계처리가 제대로 되면 절세의 효과를 얻을 수도 있고, 위법 행위를 방지하는 일석이조의 결과를 얻을 수 있다. 결국 영업자가 부지런한 만큼 좋은 결과를 얻을 것이며, 전문가를 믿고 자신의 상황을 정확하게 알리는 것이 중요하다.

식품창업과 소득 신고

창업은 세금 신고와 함께 한다. 부가가치세는 어차피 매수인에게 받은 것이어서 큰 부담이 되지 않지만 소득세는 다르다. 물론 이익이 발생한 경우에 소득세를 납부하는 것이므로 어떤 면에서는 소득세를 납부하는 것 자체가 축복일 수도 있다. 하지만 모든 영업자는 세금을 조금 납부할수록 이익이기 때문에 항상 준비를 철저히 해야 한다. 그 첫 번째가 사업 형태다. 사업을 시작하면서 가장 우선해서 고민하는 것이 개인사업자로 시작할지 아니면 법인으로 시작할 것인지 선택하는 문제다. 각기 장단점이 있지만 매출액이 일정 이상 되지 않는 경우 기장 등 관리가 편한 개인사업자로 시작하는 것이 좋다는 것이 세무전문가들의 조언이다. 실제로 매출액에 따른 세율도 다른데, 법인의 경우 법인세율이라는 것이 정해져 있어서 과세표준에 따라 2억 원 이하의 경우 10%, 2억 원 초과 200억 원 이하일 경우 20%, 200억 초과일 경우 22%다. 결국 수익을 과세표준이라고 산정할 때 10%에서 22%의 범위에서 세금을 납부하게 된다.

하지만 개인사업자는 이보다 약간 복잡하다. 과세표준이 1,200만 원 이하인 경우 6%, 1,200~4,600만 원의 경우 15%, 4,600~8,800만 원의 경우 24%, 8,800~1억5천만 원의 경우 35%, 1억5천만 원 초과 시 38%다. 조만간 5억 원 초과 시 40%까지 세율이 증가한다

고 하니 일반적으로 법인세율보다 세율이 높아 과세표준인 8,800만 원 이상인 경우부터는 법인으로 전환하는 것이 유리하다는 말이 있다. 하지만 이는 매출이 기준이 아니라 과세표준, 세금을 부과함에 있어서 그 기준이 되는 것으로 개인사업자의 경우 개인별 이자소득, 배당소득, 사업소득, 근로소득, 연금소득, 기타소득 합계액에서 인적공제, 연금보험료공제, 특별소득공제, 조특법상소득공제 등 4가지 공제를 처리한 금액이다.

결국 매출이 아무리 높더라도 과세표준이 낮을 수도 있고, 매출이 1억 원 내외라도 과세표준은 8,800만 원 이상일 수 있기 때문에 단순히 매출로 개인 사업이나 법인 등 회사 형태를 결정해서는 안 된다. 이렇게 단순히 세율 이외에도 각종 장부 작성의 차이나 관리 직원 고용 문제 등 여러 가지 복합적인 것이 고려되어야 한다. 또한 법인 사업자로 시작할 경우 주주와 별개로 법인을 운용하는 이사와 감사 등을 선임하고 등기를 해야 하는 문제도 발생한다. 게다가 법인 통장에 입금된 금액에 대해서 입출금 명목을 정확히 하지 않으면 횡령 등의 혐의로 수사를 받을 수도 있어서 매우 주의가 요구된다.

증여 등의 세금 문제로 문제된 모 부처 장관 선임과 관련된 보도처럼, 실제로 다수의 영업자가 사업 발전과 함께 세금문제보다 더 신경을 쓰는 분야는 없을 것이다. 하지만 세금도 결국 아는 만큼 보이는 것이므로 해당 영업자가 스스로 많은 공부를 해야만 한다. 창업은 역시 쉬운 결정이 아니다. 하지만 자신의 능력만큼 이익을 향유할 수 있기 때문에 봉급생활자와 비할 수 없다. 정확하게 'High Risk High Return'이 적용되는 야생이다.

식품창업과 상표 등록의 필요성

'호랑이는 죽어서 가죽을 남기고 사람은 죽어서 이름을 남긴다'는 속담이 있지만 회사는 설립 당시 상호를 등록해야 한다. 우선 창업을 하면, 제일 먼저 국세청에 사업자등록 신고를 하게 된다. 이때 창업자의 개인정보와 영업소재지의 면적, 임대차 계약 등의 영업 정보를 함께 입력해야 하는데, 창업자들이 가장 고민하는 것이 상호일 것이다. 식품 접객업소를 운영하는 영업자를 포함해서 창업자라면 누구나 고객에게 기억되기 쉬우면서 세련된 상호를 만들고 싶어 한다. 그리고 이렇게 심혈을 기울여 만든 상호는 특허청에 상표 등록을 할 수도 있는데, 이때 창업자들의 예상과 달리 특허청에서 상표 등록이 거절되는 경우가 많다.

상표란 상표법 제2조에 따르면 자기의 상품(지리적 표시가 사용되는 상품의 경우를 제외하고는 서비스 또는 서비스의 제공에 관련된 물건을 포함한다)과 타인의 상품을 식별하기 위하여 사용하는 표장을 말하는데, 이때 표장이란 기호, 문자, 도형, 소리, 냄새, 입체적 형상, 홀로그램·동작 또는 색채 등으로서 그 구성이나 표현방식에 상관없이 상품의 출처(出處)를 나타내기 위하여 사용하는 모든 표시를 말한다. 당연한 얘기지만 특허청에 등록되지 않은 상표는 보호받을 수 없다.

이런 이유로 영업자들은 변리사를 통하거나 직접 특허청에 상표를 신청하는데, 대행 비용은 대략 10만 원 정도고, 관납료라는 세금이 약 6만 원이다. 상표신청을 출원이라고 하는데, 이때부터 특허청에 근무하는 심사관이 심사 후 결정하기까지 약 9~12개월이 소요된다. 소리와 냄새까지도 상표등록이 가능한데, 가장 유명한 것이 바로 우리가 사용하는 컴퓨터 프로그램인 마이크로소프트사의 윈도우 시작음이다. 식품분야에 있어서는 입체 상표로 등록된 것이 특이한데 코카콜라 병, KFC 할아버지 인형이 있다. 이밖에 우리나라 제품 중에는 롯데제과에서 나온 아이스캔디 '죠스바'와 '스크류바'도 입체상표 등록이 되어 있다.

상표등록의 핵심은 표장의 식별력 유무이다. 한 생활용품 제조회사에서 '노케미'라는 상표를 출원했다가 특허청에서 거절된 사례가 있었는데, 사유는 "노케미는 비교적 쉬운 수준의 영어단어인 No Chemi의 한글 음역에 해당하는 표장으로 화학물질을 거부하고 천연성분이나 안전성이 검증된 화학 성분을 조합해 만든 제품이라는 의미로 널리 사용되어 지정상품의 성질표시(원재료, 용도, 품질 등)에 해당하여 식별력이 없으며 수요자가 누구의 업무와 관련된 상품을 표시하는 상표인지 식별할 수 없는 부분에 해당한다."는 이유였다. 이처럼 상표 등록은 일반상식과 달리 진행되는 부분이 있으므로 반드시 전문가의 도움을 받고 진행해야 한다.

식품창업과 상표 등록의 중요성

상표 출원 비용을 10만 원도 받지 않고 진행하는 특허사무소가 생기면서 식품분야 창업자들도 이전보다 더 적극적으로 상표 출원을 진행하고 있다. 특히 가맹사업을 시작하려는 창업자는 최초에 진행해야 하는 정보공개서 작성에 필요하고, 간판이나 인테리어에도 다양한 디자인과 상표 등이 사용될 수 있기 때문에 관심이 증가하고 있다.

식품 제조·가공 영업자 역시 제품의 이름을 최초로 만들 때 상표 출원을 하면 경쟁사가 유사 명칭을 사용함으로써 따라 하기 전략을 사전에 방지할 수 있는 장점이 있어 다양한 신제품 출시 전 상표 출원을 하는 것이 점차 일반화되어 가고 있다. 이런 추세는 굳이 식품업계에만 국한된 것이 아니고, IT 등 모든 분야에 해당되는데, 실제로 삼성전자가 휴대용 전화기 신제품을 출시하기 전에 기자들이나 전문가들은 삼성전자가 어떤 이름으로 상표를 출원했는지 보고 미리 짐작할 수 있다고도 한다.

식품창업자의 경우 일반적으로 지리적 명칭을 사용해서 상호로 사용하는 경우가 많다. 수원지방법원 안양지원에서 진행되었던 축산물위생관리법 위반 사건에서 특정 지역 명칭을 상호로 사용하면서 그 지역 이외의 축산물을 판매한 것이 사실과 다른 표시에 해당한다는 이유로 기소된 사건이 있었는데, 다행히 법원은 해당 지역의 축산물을 실제로 판매하고 있다면 문제가 되지 않는다는 취지로 무죄를 선고한 바 있다. 물론 이 사건은 식품전문변호사가 직접 수행한 사건으로 대법원에서 무죄가 확정되었다.

예를 들어 '서울곰탕', '풍천장어' 등과 같이 지역 명칭을 사용한 경우 반드시 해당 원재료가 그 지역에서 나왔어야 한다는 것이 검찰의 주장이었는데, 이는 현실의 상호의 의미와 현실적인 문제를 간과한 판단이었다고 생각된다. 실제로 소비자들이 서울의 나주곰탕집에서 식사하면서 해당 축산물의 산지가 나주 지역일 것이라고 기대할 가능성이 전혀 없으며, 장어의 경우도 실제로 대부분 수입산 장어를 양만장에서 키워 판매하는 것이고, 과거 장어로 유명했던 지역 명칭을 사용하는 것일 뿐이지 소비자가 해당 식당에서 먹는 것이 반드시 풍천 지역에서 나고 자란 장어라고 생각할 리가 없다. 어쨌든 이런 문제로 수사기관에서 조사를 받고, 재판까지 참석하면서 마음을 졸여야 하는 상황이 얼마

든지 발생할 수 있으므로 상호 사용에 있어서도 반드시 전문가의 조언을 듣고서 진행해야 할 것이다.

상표등록의 핵심은 우선 출원에 있으므로 창업예비자나 창업을 한 지 얼마 되지 않은 경우에는 각종 지자체나 중소기업청의 지원사업을 점검하고, 반드시 전문가의 도움을 받아 상표 출원을 하는 것이 중요한 과정이 되었다. 적절한 전문가에게 사용하는 비용은 절대 아낄 필요가 없다. 그 이상의 이익이 되는 조언이 반드시 따라온다.

식품창업과 상표 출원 실무

실생활에 밀접한 식품분야는 상표 관련 분쟁이 다른 분야보다도 월등하게 지속적으로 발생하고 있다. 최근 특허법원 특허1부에서는 '나는 조선의 떡볶이다!'라는 상표를 출원했지만 기존에 등록되어 있는 '조선떡볶이'와 유사한데다가 지정서비스도 같다는 이유로 거절한 사안에 대해서 이를 뒤집어 상표 등록이 가능하다는 판단을 내렸다. 이 사건이 이미 특허심판원에서 기각되었지만 한 영업자의 끈질긴 청구가 승소를 이끌어 낸 것이다.

재판부는 "'조선'이 포함된 서비스표는 외식업 등 이 사건 지정서비스업과 동일 또는 유사한 지정서비스업에 다수 등록되어 현실적으로 사용되고 있고, 또 '조선'에 메밀, 참치, 막걸리 등 수요자에게 제공되는 음식으로 직감될 수 있는 명칭이 결합된 서비스표가 다수 등록돼 사용되고 있다"며 "'나는 조선의 떡볶이다!'가 지정서비스업과 관련해 식별력이 없거나 미약하다고 보기 어렵다"고 밝혔다. 이어서 "'나는 조선의 떡볶이다!'는 '내가 조선의 국모다'를 패러디한 표장으로 수요자들에게 인식될 가능성이 높고, 의인화된 떡볶이가 자신이 조선을 대표하는 떡볶이라고 호소하거나 강조하는 듯한 느낌을 줄 것으로 보인다"며 "조선과 떡볶이라는 공통된 문자를 포함하고 있지만, 표장의 문자 부분은 관념이 서로 다르다"고 결론을 내렸다.

　상표 출원 문의가 많이 있고 대부분 정확한 예견은 불가능한 게 현실이지만 어느 정도 등록 가능성을 예견하는 것은 가능하므로 반드시 전문가에게 미리 문의할 필요가 있다. 하지만 등록 가능여부에 대한 전문적인 조사비용이 출원 및 등록비용과 거의 동등할 정도로 과다하기 때문에 일반적으로 상표는 출원 후 심사관의 판단을 기다리는 것이 실무다. 상표 출원 시 경쟁업체의 유사 상표 등록이나 동종 업종 선정을 예방하기 위해서, 여러 가지 상품 군을 선택해서 하나의 사업을 하더라도 최소 3개 이상의 유사 상품 군에 대해서 출원한다. 이런 점을 고려해서 최근 방송 등을 통해서 유명해진 문구나 단어 등을 변경해서 만든 상표 등이 많이 출원되고 있는데, 이때 발생할 수 있는 문제에 대해서 상기 판결은 비교적 깔끔하게 정리를 해 줄 수 있는 의미가 있었다. 때로는 법원의 판결이 상식과 달리 보이지만 법률도 결국 약속이라 과도하게 수용 불가능한 사례는 드물다.

결론적으로 창업 시 고려사항은 여러 가지가 있지만 특히 프랜차이즈를 포함한 식품
접객업이나 제조업의 경우 제품의 브랜드는 상표 등록이 가장 중요한 성공요소 가운데
하나이므로 전문가와 상의하여 사업 초기부터 적극적으로 상표 출원을 준비하는 것이
실무에서 가장 중요하다.

식품창업과 포장 디자인

가정용 종합조미료는 CJ제일제당의 '다시다'가 독보적인 시장점유율을 차지하고 있다. 경쟁업체에서는 해당 제품을 따라잡기 위해서 동종의 제품을 계속 출시하고 있는데, 1위 기업 입장에서는 시장진입을 막기 위해서 등록된 디자인 침해를 이유로 판매금지 가처분을 신청하거나, 검찰에 부정경쟁방지 및 영업비밀보호에 관한 법률 위반 혐의로 고소가 가능하며, 실제로 2010년 이런 사건이 발생했었다.

CJ제일제당이 자사 '쇠고기 다시다'와 유사한 제품을 경쟁사인 대상이 판매하고 있다는 이유로 법원에 '판매금지 가처분' 신청을 했고, 결과는 인용되었다. 이런 상황에서 대상이 계속해서 제품을 판매하고 있다면서 CJ제일제당은 대상을 고소했고, 이에 따라 압수수색이 진행되기도 했다. 그러나 결론적으로 검찰은 CJ제일제당의 고소에 대해서 혐의가 없다고 판단해서 일단락되었다. 실제로 이 사건에서 문제가 된 것은 제품의 포장 디자인이다. '다시'라는 명칭과 '쇠고기 사진'이 들어간 포장이 주요 쟁점이었다. 보는 시각에 따라서 다를 수 있다고는 하나 사실 식품의 유형이 같고, 유사한 재료를 사용하는 경우 제품을 표현하는 것에 한계가 있다는 사실은 누구나 인정할 수밖에 없는 실정이다.

　이에 대해서 대법원은 디자인의 유사 여부를 판단함에 있어서는 이를 구성하는 요소들을 각 부분으로 분리하여 대비할 것이 아니라 전체와 전체를 대비·관찰하여 보는 사람의 마음에 환기될 미감과 인상이 유사한 것인지의 여부에 따라 판단하여야 하고, 이 경우 보는 사람의 주의를 가장 끌기 쉬운 부분을 요부로서 파악하고 이것을 관찰하여 일반 수요자의 심미감에 차이가 생기게 하는지 여부의 관점에서 디자인의 유사 여부를 결정하여야 하며, 옛날부터 흔히 사용되어 왔고 단순하며 여러 디자인이 다양하게 고안되었던 것이나 구조적으로 그 디자인을 크게 변화시킬 수 없는 것 등에서는 디자인의 유사범위를 비교적 좁게 보아야 한다고 판단하고 있다(대법원 1997. 10. 14. 선고 96후2418 판결 참조).

　식품 창업을 하는 경우 제품 명칭과 함께 영업자들이 가장 고민하는 것이 포장 디자인인데, 실제로 전문가의 조언을 듣고 제작하는 것이 아니라 검토 없이 디자인 업체에 의뢰하거나 스스로 디자인을 하는 경우가 많다. 그러나 이는 매우 위험한 결정이며, 반드시 지적재산권 전문가를 찾아 침해 문제가 발생하지 않는지 확인한 후 사업을 진행해야만 한다. 대기업이든 중소기업이든 경쟁자가 발전하는 것을 두고 보는 선한 영업자는 없다. 경쟁자가 위협이 되기 전부터 작은 흠이라도 보이면 누르고, 공격하는 것이 식품을 포함한 모든 사업계의 기본이다. 초기 창업자라고 경쟁자가 봐 주지 않는다. 결국 창업자의 입장에서는 자본으로 경쟁할 수 없으니 나를 지켜 줄 전문가가 절실하다.

식품창업과 지적재산권 보호

018

지금까지 얘기했던 상표, 디자인, 특허 등을 지적재산권이라 한다. 현대 사회에서는 지적재산권을 많이 보유한 기업이 최고의 기업이다. 그리고 이런 기업은 일반적으로 이익이 많이 나는 독점 기업이 많다. 우리가 사용하고 있는 컴퓨터 운용시스템을 만드는 마이크로소프트사의 윈도우가 그렇고, 검색 또는 휴대폰 운용프로그램인 구글의 안드로이드나 애플의 아이폰을 보면 쉽게 이해할 수 있다. 이 독점적인 지위를 유지하기 위해서 치열한 물밑 전쟁이 전개되고 있는데, 결국 이런 전쟁의 무기는 기술력이다. 법률에서는 지적재산권이라고 보는데, 식품분야에 있어서도 이런 지적재산권을 적절히 사용해서 경쟁력을 높이고, 후발주자들의 카피 제품을 근절하는 데 큰 효과를 거둔 사례가 늘고 있다.

식품분야에는 대표적으로, 오리온 '꼬북칩'의 경우가 있다. 스낵 하나에 풍부한 식감을 주기 위해 4겹을 층층이 쌓아 만든 과자 형태에 대해서 특허 출원을 했다고 한다. 이 과자를 생산하기 위해서 8년에 걸쳐서 투자와 연구를 진행했다고 하는데 쉽지 않은 기술을 성공시키기 위해서 식품을 전공한 연구원들의 큰 노력이 있었을 것이다. 이 밖에도 즉석밥의 대명사격인 '햇반'을 활용한 CJ의 '햇반 컵반'의 '즉석식품 복합포장 용기'는 실용신

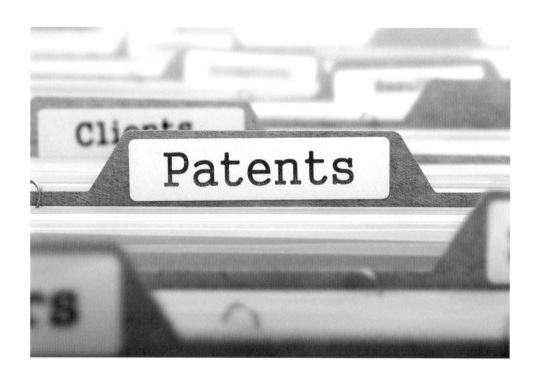

안을 등록했고, 이에 따라 오뚜기와 동원F&B에 유사 상품 판매에 대한 가처분 신청까지 하는 등 적극적으로 제품을 보호하기 위해서 노력하고 있다. 빙그레 역시 유통회사와 함께 '바나나맛우유' 콜라보레이션 화장품을 출시하면서 용기에 대한 도형상표를 출원한 것으로 알려졌다. 특유의 제품 용기 모양이 차별화 요소가 되어 40년 동안 '바나나맛우유'는 빙그레라는 독점적인 시장 구축에 성공한 사례다.

지적재산권의 출원 및 등록비용은 중소기업에게는 혜택이 많아 매우 저렴한 비용으로 시작할 수 있다. 변리사의 특허 대행료가 100만 원 남짓이면 충분하고, 관납료나 등록료는 중소기업 감면을 받게 되면 2~30만 원에 불과하다. 결국 해당 기업의 의지에 따라 저렴한 비용으로 기술을 보호하는 동시에 등록된 특허를 통해 기술보증재단 등의 기관으로부터 대출 등의 지원도 받을 수 있는 등 장점이 많다.

전국 대학마다 창업보육센터가 있고, 학생들을 위해서 창업 지원이나 식품 실습기자재를 보유하면서 기술적 교육을 진행하고 있다. 다른 분야에 비해 식품전공자들의 경우 취업이 쉽다. 학교에서 배운 지식을 활용해서 창업에 도전하는 것도 개인이나 사회를 위해서 필요하다. 이때 지적재산권이 기술 창업에 핵심이라는 점을 인지하고 시작하면 큰 도움이 된다. 학교에서도 앞으로 교과과정에 창업 과목을 필수로 지정할 날이 올 것이다. 이제 창업은 필수고, 식품 창업에 기술과 지적재산권은 핵심이다.

III

식품창업 · 경영에
대한 지원과 규제

식품창업과 대관업무

식품관련 창업을 하면서 자본이나 노동 문제도 있지만 가장 중요한 문제는 바로 관련 법령 준수 여부이자 행정처분 같은 처벌을 피하는 것이다. 식품관련 법령은 위반 시 형사상 처벌도 되지만 영업정지 등의 행정제재처분이 동시에 진행되기 때문에 난감한 경우가 많다. 흔히 말하는 '단속'은 설이나 추석 명절 기간의 정기 단속 이외에 불특정 다수의 영업자를 대상으로 하는 수시 단속과 소비자 고발에 의한 조사 등으로 구성되어 있는데, 거기에 관할 행정기관인 지방자치단체 식품위생감시공무원, 지방자치단체 특별사법경찰, 식품의약품안전처, 농산물품질관리원, 경찰 등 다양한 행정 및 수사기관에서 수시로 행정 지도와 단속, 수사가 진행되기 때문에 어려움이 많은 것이 현실이다.

이 가운데 가장 중요한 것이 바로 관할 행정기관이다. 특히 담당공무원과의 유대 관계의 중요성은 아무리 강조해도 지나치지 않는다. 그런데 친해지라는 의미가 뇌물을 주고 공무원을 접대하라는 것이 아니다. 이제 그런 시대는 이미 끝났다. 공무원이 과거처럼 무소불위의 권력을 휘두를 수도 없고, 자칫하면 징계나 처벌을 받기 쉬워 용감하게 영업자에게 뇌물을 요구하는 경우는 없다고 해도 과언이 아니다. 오히려 일반적으로 관할 행정기관의 경우 관내 영업자에 대해서 매우 악의적인 시선으로 바라볼 사안이 아니라면 도와주려는 의도를 가지고 있어서 경찰이나 식품의약품안전처처럼 법규를 보수적으로 해석해서 적용하지 않고, 최대한 재량을 발휘하려고 노력하는 경향이 크다.

게다가 현행 식품위생법에 따르면 다른 기관에서 조사한 결과를 가지고 행정처분을 시행하는 것은 관할 행정기관이기 때문에, 실제 사전처분 통지에 대한 의견 제출이나 청문의 기회를 통해서 행정처분의 감경이나 과징금 전환 등의 혜택을 받을 기회를 제공하는 것도 담당공무원의 재량이 크다. 그러므로 평소 궁금한 사항이나 의심 가는 내용에 대해서 영업자는 스스로 판단할 것이 아니라 수시로 관할 행정기관 내 위생과 등의 담당 공무원에게 의견을 물어보고 진행하는 것이 좋다. 실제로 관할 행정기관 공무원의 의견대로 진행한 경우 최종적으로 위법한 행위였더라도 행정심판이나 소송을 통해서 감경을 받거나 면제가 될 수 있는 여지가 다분하다. 그러므로 식품관련 영업자들은 관할 행정기관의 담당자와 친밀감을 유지하면서 도움을 받아야만 한다.

공직사회도 과거와 달리 많이 달라졌다. 최근 김영란법이 시행되는 것과 별개로 이미 행정기관에 근무하는 공무원들은 뇌물이나 접대와 무관한 경우가 거의 대부분이며 오히려 이런 제안을 할 경우 적대적으로 불이익을 받을 수도 있다. 공직사회가 매우 투명해졌다는 반증이다. 그러므로 위법적인 관행을 통해서 문제를 해결하려는 의도보다 정직하고 합리적인 접근으로 공무원의 도움을 받으려는 자세를 갖추어야 한다. 물론 이때 정확한 법률 지식을 근거로 합리적인 주장을 해야 하는 것은 기본이다. 여전히 공무원은 소극적일 수밖에 없으므로 영업자가 공무원이 움직이도록 자료를 준비하는 것이 필요하기 때문이다.

식품창업지원, K-Startup

현재 다양한 창업지원제도가 있지만 창업준비자는 우선 중소벤처기업부에서 운영하는 케이스타트업(K-Startup) 홈페이지를 방문하는 것이 가장 좋다. 이 사이트에서는 창업교육, 창업시설·공간, 멘토링·컨설팅, 사업화, 정책자금, R&D, 판로·해외진출 등에 대한 다양한 정보를 제공하고 있는데 모든 것이 무료다. 특히 사업공고란에서는 정부의 창업지원사업에 대한 자세한 내용이 고지되는데, 실제로 좋은 아이디어만 가지고 있다면 여유자금이 부족해도 충분히 창업에 도전해 볼 만하다.

케이스타트업사이트에서는 창업캠프와 같은 교육도 병행하고 있고 바쁜 직장인을 위해서 온라인창업강좌도 운영한다. 창업강좌는 예비창업, 창업초기, 창업성장, 재창업, 창업교양으로 구분되어 있으며 동영상강좌로 구성되어 지루하지 않고 재밌게 사례중심으로 지식을 습득할 수 있다. 각 강좌는 창업자역량, 시장기회, 아이템, 비즈니스모델과 전략 등에 대해서 알기 쉽게 설명하고 있다. 또한 아이디어오디션이라는 사이트를 통해서 자신의 아이디어를 공개하고 다양한 창업매니저를 통해 조언을 받는 시스템도 운영하고 있는데 매우 큰 인기를 끌고 있다. 그리고 창업 준비자들이 제일 어려워하는 시제품 제작에 대해서도 전국의 산재해 있는 전문 영업자 리스트를 제공하고, 저렴한 가격에 실질적인 개발과정까지 도움을 받을 수 있도록 지원한다.

아이디어가 아무리 좋아도 결국 사람이 문제라는 점을 인식하고 다양한 지원제도를 운영한다. 즉, 창업자가 진정으로 단순 개발자를 넘어서 기업을 운영할 수 있는 역량이 있는지가 중요한데, 케이스타트업 홈페이지에서는 창업역량자가진단키트를 통해 창업자가 스스로를 평가해 볼 수 있는 기회를 제공하고 있다. 진단 결과는 트랙별 항목에 대한 점수와 도식화된 그래프로 한눈에 볼 수 있고, 분석을 기초로 한 문제 해결 멘토링 의견도 제공하고 있어 실제로 창업자가 객관적인 자기 진단이 가능하도록 도와주고 있다.

창업에서 돈만큼이나 중요한 것이 정보다. 자금은 다양한 지원사업을 통해 융통할 수 있지만 정보는 스스로 구하거나 전문가로부터 듣지 않으면 알 수가 없다. 다양한 창업지원정책이나 각종 웹사이트도 있지만, 무엇보다 정부에서 운영하는 케이스타트업 사이트를 통해 창업 준비자들이 다양한 정보를 습득하는 것이 필요하다.

농식품 창업 지원

　모 방송사에서 제작했던 「나는 농부다」라는 농수산식품 창업 오디션 프로를 보면서 참가자들의 다양한 아이디어에 놀란 적이 있었다. 우리가 '식품창업' 하면 떠올리는 식품 접객업, 음식점 창업이 아니라 정말 신선한 아이디어로 기존의 틀을 깨는 시도가 있었기 때문이다. 이런 방송을 통해 증가한 예비 농식품 창업자들을 위해서 현재 전국의 많은 지자체나 대학에서 창업지원프로그램을 운영하고 있다. 농림부에서도 농식품창업정보망(www.a-startups.or.kr)을 구축해서 운영하고 있는데, 기존의 케이스타트업 사이트와 중복되는 부분도 있지만 이 사이트는 농식품분야에 한정된 정보를 제공하고 있어서 관심 있는 농식품 예비창업자나 기존 영업자에게도 큰 도움이 될 것이다.

　사이트에는 다양한 카테고리가 있는데, 농촌현장창업보육지원, 벤처청년인턴제, 농수산식품창업콘테스트, A+센터, 전문가상담, 농산업기술정보, 판로지원, 투융자지원, 붐붐마켓 등 예비창업자들에게 꼭 필요한 다양한 정보를 담고 있다. 특히 상단에 위치한 사업공고란에서는 진행 중인 다양한 사업지원 프로그램을 실시간으로 업데이트하고 있다. 또한 농식품기술정보란의 경우 농식품 R&D 최신 기술동향을 농림식품기술기획평가원에서 작성해 제공함으로써 신뢰도가 높고 실제 활용이 가능한 자료로 평가된다. 실제로

이렇게 지원을 받아 제품을 생산해도 판로 구축과 시장성이 부족해서 실패하는 경우가 많은데, 이런 점을 보완하기 위해서 마케팅 사이트를 개설해서 직접 제품구매까지 연결해 주는 서비스도 제공하고 있다.

결국 농식품 창업 준비부터 마지막 판매까지 모든 서비스를 원스탑으로 제공한다고 해도 과언이 아니다. 이 사이트는 공식적으로 농림축산식품부와 농업기술실용화재단에서 공동으로 제작하는 것으로 알려져 있고, 매년 농수산식품 창업콘테스트도 진행하고 있으므로 다수의 예비창업자들이 관심을 가지고 사이트를 방문해 볼 것을 권하고 싶다. 4차 산업 혁명은 결국 1차 산업인 농업이 중심이 될 수밖에 없다고 생각한다. 이미 다양한 형태의 농수산식품 벤처가 성공을 거두고 있으며, 얌테이블과 같이 매출이 수백억 원에 이를 것으로 예상되는 회사도 출현했다.

정부는 미취업 대졸자들이 증가하자 대안으로 창업 지원 대책을 많이 내놓고 있어 사회적으로 많은 관심을 받고 있다. 하지만 진정으로 창업을 원하는 사람들은 취업이 어려워서 하는 것이 아니다. 자신의 꿈을 실현하기 위해서 노력하는 사람만이 창업을 통해서 성공할 수 있다. 창업은 현실이고, 온실이 아닌 벌판에 놓인 상황과 동일하기 때문이다. 농수산식품분야는 레드오션으로 알려져 있지만 그 속내를 보면 여전히 창업이 필요한 부분이 많다. 실무 경험이 있으면 더욱 좋고, 그렇지 않더라도 항상 관심을 가지고 관련 사이트에서 정보를 얻으면서 공부한다면 반드시 좋은 아이디어를 꽃피울 기회가 올 것이다.

식품창업지원 규모와 다양한 제도

004

2019년도 정부 창업지원사업 통합공고가 발표되었다. 중소벤처기업부에서 관리하는 K-Startup 홈페이지에서 자세한 내용을 열람하거나 다운로드받을 수 있다. 총 1조 1,190억 원이 지원되는 가운데, 사업화와 R&D, 창업교육, 시설·공간·보육, 멘토링·컨설팅, 행사·네트워크로 구분되어 세부내역별로 지원금이 상세히 나눠져 있다.

식품분야와 관련해서는 농산업체 판로지원사업이 있는데, 7년 미만의 기술기반 제품을 보유한 농식품분야 벤처기업 및 창업기업에 대해서 서울(양재 aT), 부산(남포동)의 A-startup마켓(농식품 벤처·창업 아이디어 제품관)에 제품 입점과 전시 및 판매를 지원하고, 위탁운영기관과 협의 및 제품군별 MD상담회와 품평회를 통해 판로생성을 도와준다. 공고는 농업기술실용화재단 홈페이지(www.fact.or.kr)을 통해서 진행되었다. 가장 큰 지원금이 책정되었던 창업성장기술개발사업의 경우 디딤돌 창업과제, 혁신 창업과제, 민간투자 주도형 기술창업지원과제, 크라우드펀딩 연계형 기술창업지원과제 등으로 세분화되어 있었다. 특히 디딤돌 창업과제의 경우 최대 1년간 1억5천만 원을 지원받을 수 있는데 20%의 자기부담금만 투자하면 된다고 하여 좋은 반응을 일으켰다.

2017년부터 최저임금이 인상되어 자영업의 폐업률이 점차 확대되고, 다수의 자영업자가 매우 어려운 상황에 처하는 등 여러 문제점이 드러나는 실정에서 창업에 도전하는 건 결코 쉬운 일이 아니다. 하지만 단순히 남들이 하는 음식점 창업이 아니라 고유의 기술을 기반으로 하거나 아이디어를 통해 승부하는 창업은 분명히 다를 수밖에 없다. 또한 40대 이상 예비창업자를 지원하는 시니어 기술창업센터도 있기 때문에 나이나 성별, 학력 등이 창업시장에서는 전혀 문제가 될 수 없다. 오로지 실력과 열정, 아이디어로 승부할 수 있는 창업시장, 그중에서도 식품 창업 시장에서 성공하는 창업자가 계속 나오기를 기대해 본다.

사실 창업자의 경우 지원사업 때문에 시작하는 경우는 거의 없다. 기존에 자신이 가지고 있는 아이디어와 그것을 구체화시키는 과정이 마무리되어 시작하는 것이다. 하지만 이와 시작할 때 금전적으로 지원을 받으면 초기 운영에서 가장 어려운 부분인 자금 운용에 있어서 부담이 확실히 줄어들기 때문에 큰 도움이 된다. 물론 세상에 쉽고 공짜는 없어서 지원금을 받기 위해서 사업계획서를 작성하거나 프레젠테이션을 준비하는 등 많은 노력과 시간이 드는 것도 현실이다. 하지만 지원사업에 발탁만 되면 이런 노력에 대한 충분한 보상이 있다. 창업을 준비하거나 초기라면 반드시 창업지원사업 공고를 다운받아 검토해 보자.

식품창업과 규제 장벽

알려진 바에 따르면 중국정부가 기업과 최초 투자유치를 협의할 때와는 달리 일단 유치에 성공하고, 해당 기업의 기술이 자국기업들에게 전파가 되었다고 판단되면 말을 바꾸거나 기존의 약속을 번복하면서 기업들의 무덤이 되고 있다는 기사가 많이 보도되었다. 제도나 정책의 기본이 되는 것이 법령인데, 이런 법령을 개정하게 되면 영업자는 실제로 설비를 바꾸는 등의 작은 변화부터 업종 자체가 소멸하게 되는 거대한 문제까지 영향을 받기 때문에 심각한 위험이 될 수 있다. 법률은 국회가 입법부로서 제정하거나 개정하지만 시행령이나 시행규칙은 대통령이나 장관의 승인이 있으면 성립되므로 견제 장치가 부족하다. 또한 고시나 훈령, 예규와 같은 행정규칙은 행정부 내부의 결재만 받으면 언제든 시행 가능하기 때문에 행정절차법에서는 예고를 하고 의견을 받도록 규정하고 있으며 공정한 절차를 위해서 공청회를 개최할 수 있도록 하고 있지만 큰 도움이 되지는 않는다.

현재 식품의약품안전처에서는 식품의 기준 및 규격과 축산물의 가공기준 및 성분규격을 통합하는 작업을 하고 있다. 그런데 이 과정에서 일부 식품의 유형이 변경되면서 큰 논란이 발생하고 있다. 수십 년간 정부의 주도대로 관리되면서 제조를 해온 영업자에게

하루아침에 제조 기준이 변경된다는 것은 실제 회사의 존폐가 달린 매우 중대한 문제가 아닐 수 없다. 하지만 이런 중차대한 업무에 대해서 식품의약품안전처는 제대로 공감하지 못한 채 단순히 통합작업에만 몰두해서 우려를 낳고 있다. 또한 일부 기업들만 참여하는 공전개정협의체의 경우 대다수가 영세업체로 구성된 식품산업의 의견을 제대로 반영할 수 있는지도 의문이다.

실제로 법령을 개정하는 것은 최소단위의 작은 영업자에게도 영향이 미치는 일이라 세밀하고 구체적인 의견 수렴이 매우 중요하고 실행전에 소규모 영업자한테까지 전부 제도를 알리는 작업이 매우 중요하다. 그렇지 않을 경우 결국 제대로 준비하지 못한 영업자가 전과자가 되거나 평생 이룬 재산이 일순간에 모두 사라질 수 있기 때문이다. 식품분야의 경우 특히 제조설비나 시설을 갖추는 데 적지 않은 비용이 필요하므로 이에 대한 대책 마련의 기간도 주어지지 않은 채 법령이 개정되어서는 안 된다. 이런 졸속 개정을 막기 위해서는 현재 고시 중심으로 움직이는 식품관련 법규를 모두 국회의 동의를 얻어야 가능한 법으로 격상시켜야 한다는 주장이 설득력이 있어 보인다. 실제로 표시와 광고에 대해서는 이미 법률이 제정되어 2019. 3. 14.부터 시행된다.

　모든 법률과 제도는 사람이 만드는 것이라, 완벽하지 못해도 이에 대해서 크게 문제 삼지 않는 문화가 우리 사회에 있었다. 혹은 권력이 무서워 옳은 소리를 하지 못하는 경우도 많았다. 하지만 이제 시대가 변했고, 최근 공전 개정에 대한 움직임을 보면서 결국 행정기관에서 주도하는 개정에 업계의 의견이 제대로 반영되려면 기존의 고시 중심의 법령 체계는 개편되어야 한다는 지적이 증가하고 있다. 일개 기업이 현행 규제를 뛰어넘거나 바꾸는 것은 불가능하지만 다수의 기업이 모여 전문가의 도움을 받아 논리적인 근거를 마련해서 합리적으로 접근한다면 이미 성공 사례가 많듯이 반드시 원하는 결과를 얻게 될 것이다.

복잡한 식품법률 체계

GMO식품의 표시에 대해서 현행 '유전자변형식품등의 표시기준'과 식품위생법의 예외 조항이 불합리하다는 지적이 여러 분야의 전문가들로부터 제기된 적이 있었다. 기존 식품위생법에는 너무 많은 내용을 담기 어려워 위임 조항을 이용하여 대부분의 주요 사항을 고시에 위임하고 있는데, 식품의 기준 및 규격(식품공전), 식품등의 표시기준, 유전자변형식품등의 표시기준 등등 다양한 고시에 내용이 각각 포함되어 있어 전문가들조차 어디에 어떤 내용이 있는지 찾기가 어렵다고 한다. 그런데 이런 고시 규정을 통한 통제는 검색의 어려움에서 끝나는 것이 아니라 행정기관이 손쉽게 영업자를 통제하는 수단으로 전락할 수 있기 때문에 조속히 현행 식품법률 체계를 수정할 필요성이 강력히 대두되고 있다.

2018년도에는 오히려 식품의약품안전처에서 표시와 광고가 고시 등으로 규정되어 있어서 제도 운영에 문제가 있다는 것을 통감하고 식품 등의 표시·광고에 관한 법률을 제정하기도 했다. 현재 이 법률의 시행령과 시행규칙을 제정하기 위해서 식품의약품안전처가 노력중이다. 법(법률), 시행령(대통령령), 시행규칙(총리령, 부령)은 법규명령으로 대외적으로 강제성을 띄며 위반 시 처벌이 가능하다. 하지만 고시, 예규, 훈령 등은 원칙적으로 행정기관 내부 통제를 위한 것으로 국민에게 의무를 부여할 수가 없다. 그럼에도 불구하고 위임을 통해 일부 고시가 법규 명령화되고 있는데, 형식적으로는 행정규칙이라 행정기관장이 담당부서를 통해 상대적으로 외부의 견제 없이 매우 용이하게 개정이 가능하기 때문에 문제가 된다.

다른 행정 법률에 비해 전문성 큰 식품관련 고시의 경우 시대의 변화나 기술의 발전에 따라 지속적으로 자주 수정되어야 하는 것은 맞지만, 당사자나 이해관계자의 명확한 의견 수렴이나 청취 절차가 제대로 이행되지 않을 경우 심각한 규제로 변모한다. 실제로 갑작스런 고시 개정으로 산업계는 항상 긴장하고 있다. 물론 고시 개정에 앞서 사전에 의견 제출을 받는 절차가 있지만 영세사업자의 경우 이런 진행을 제대로 챙기기도 어렵고, 실제로 알더라도 의견서를 작성하는 것도 불가능하고, 의견을 제출해도 단순 읍소로는 반영된 사례가 없다.

우리가 흔히 불필요한 규제를 신설하거나 현실과 동떨어진 규제를 시행할 때 '탁상공론'이란 말을 사용한다. 현실을 무시한 채 공무원들이 행정 편의적 관점에서 제도를 추진하거나 실행 불가능한 정책을 시행할 때 이런 표현을 사용한다. 때로는 복지부동으로 아무런 행위를 하지 않는 공무원이 더 도움되는 경우도 있다. 복잡한 법률체계에 더해 공무원의 과도한 정책 추진으로 고통받지 않는 식품산업이 되면 창업의 질과 양적인 측면에서 큰 발전이 있을 것인데 안타깝다.

과대광고의 득과 실

식품의약품안전처는 식품의약품 사이버조사단을 2018. 2.부터 발족해서 운영하고 있으며, 훈령을 통해서 2021. 6. 30.까지 효력을 갖도록 '식품의약품 사이버조사단 구성 및 운영에 관한 규정'을 공포했다. 사이버조사단 운영은 일반 매장에서 직접 구매하는 소비자가 감소하고, 온라인 등을 통해서 비대면구매방식이 점차 늘어나면서 정확한 정보를 파악하기 힘든 소비자를 보호하기 위한 조치로서, 온라인(인터넷, 방송 등) 및 간행물(신문, 잡지, 인쇄물 등)에서의 허위·과대광고(온라인 불법 광고)의 판단기준을 마련하고, 적발 및 차단 조치에 관한 업무를 수행한다. 총괄운영팀(1팀), 식품조사팀(2팀), 의료제품조사팀(3팀)으로 구성하고, 각각의 팀에 식품의약품안전처 소속 공무원을 팀장으로 두도록 했다. 사이버조사단에서 1차 조사 후 필요하면 위해사범중앙조사단에서 수사로 넘어간다.

식품의약품안전처는 온라인에서 자행되는 과대광고로부터 소비자를 보호하기 위해서 이와 병행하여 건강기능식품의 행정처분을 강화하는 방안도 시행하고 있다. 특히 건강기능식품이 질병의 예방 및 치료에 효과가 있다고 허위·과대 표시 및 광고하는 행위에 대해서는 기존 영업정지 15일에서 영업정지 2개월로 행정처분 기준을 강화했고, 영업자가 건강기능식품 원료 및 최종제품에 대한 기준·규격을 위반한 경우 고의성 여부와 인체 위해성 등을 고려하여 처분할 수 있도록 행정처분 기준을 개정했다. 또한 영업정지 처분을 과징금으로 대체할 수 없는 중대한 위반사항으로 '독성이 있거나 부작용을 일으키는 원료를 사용하여 제조'한 경우도 추가하여 행정처분의 실효성을 강화하였으며, 기업 규모에 따라 과징금 처분액수도 상향하는 조치를 취하였다.

이렇듯 식품의 과대광고에 대한 처벌이 점차 강화되고 있다는 점을 영업자들은 인지하고, 보다 세심한 주의를 요하도록 변화하고 있다. 이런 법령 개정 사항을 영업자들이 알 수 있는 방법은 결국 교육인데, 실제로 대다수의 영업자교육이 온라인으로 진행되다보니 이처럼 급변하는 법령개정사항을 전부 교육으로 전달할 수가 없거나 제대로 전달받지 못하는 문제점이 발생한다. 결국 영업자들이 식품의약품안전처 홈페이지나 각종 영업자단체를 통해서 개정 내용을 더욱 열심히 챙기는 수밖에 없다. 그렇지 못할 경우 식품전문변호사 등 전문가의 도움을 받을 수도 있다.

영업자의 입장에서는 매출극대화나 인지도 향상을 위해 불가피하게 다소 과한 수준의 광고를 할 수밖에 없는 것이 현실이고, 대법원에서도 어느 정도는 인정해 준다는 판례도 있다. 하지만 사회평균인이 볼 때 그 정도가 지나쳐서 식품을 의약품으로 오인·혼동할 정도라면 처벌받게 된다. 그 선이 어느 정도인지는 솔직히 전체 광고 내용으로 판단할 수밖에 없는 실정이라 정답이 없고 전문가가 구체적으로 검토해야 한다. 그렇다고 처벌을 피하기 위해서 지나치게 안전한 수준의 광고를 하면 효과가 없다. 결국 적정 수준을 전문가에게 의뢰해서 위반이 되지 않을 정도를 유지하면서 과감한 광고를 해야 하는데 문자 그대로 참 어려운 일이다.

위법한 식품에 대한 단속과 수사

　지난 정부 때 불량식품이 4대악으로 규정되면서 많은 영업자들이 어려움을 겪었는데, 부정적인 시선으로만 볼 것만은 아니고 이런 대규모 단속을 통해 식품산업의 투명성을 제고하는 데 큰 역할을 했다는 평가도 있다. 실제로 제품을 안전하고 위생적으로 제조하고, 과대광고나 허위표시 없이 소비자에게 제대로 알리는 것은 쉽지만은 않다. 소비자들이 이미 자극적이고 부정적인, 예컨대 '무첨가 마케팅'에 길들여진 상황에서 소위 착한 마케팅은 설 자리를 잃어 가고 있다. 이런 상황에서 식품의약품안전처 위해사범중앙조사단이나 시도특별사법경찰관들이 식품관련 법령을 과도하게 위반한 업체를 수사 및 단속하는 것은 어쩌면 양심적인 영업자들에게 매우 득이 된다는 지적이다.

　식품의약품안전처에는 위해사범중앙조사단이라는 특별사법경찰 조직이 있다. 기존 조직과 달리 마치 별동부대처럼 서울서부지방검찰청의 지휘하에 식품, 의약품, 의료기기 등에 대한 위반 사건을 조사해서 국민의 안전을 지키려고 노력하고 있는데, 사실 식품의약품안전처 내부에서도 이 조직의 중요성에 대해서 잘 모르는 것 같다. 업무의 특성상 서울시 양천구에 위치한 위해사범중앙조사단에 방문할 기회가 많은데, 가 보면 개별 조사실도 협소하고, 수사관들이 근무하고 있는 장소도 열악해서 휴식을 취하고 충전할 공간도 제대로 없다. 게다가 잦은 지방 출장으로 힘든 상황에서 각종 행정업무처리까지 하다 보니 매일 지속되는 야근으로 이미 기피부서가 되었다고 한다.

식품의약품안전처 직원조차 기존 식품행정업무가 아니라 어떤 일을 하는지 제대로 모르니 시기나 불만이 있을 뿐 지원에 대한 공감대는 전혀 형성되지 않고 있어서 식품안전을 위한 조직의 미래가 매우 암울하다. 실제로 식품안전이 시장에 자리 잡아야 정직한 영업자가 성공할 수 있다. 또한 광역시와 도에 있는 특별사법경찰관들도 지역 내 위법한 식품 영업자를 단속하고 수사하는 데 큰 역할을 하고 있지만 근무 상황은 그리 좋지 못하다. 일반 경찰이나 시도특별사법경찰보다 전문성 면에서도 월등한 식품의약품안전처 위해사범중앙조사단은 굵직한 식품사범 적발을 통해 시장의 투명성을 높이는 데 매우 큰 역할을 한다고 생각하며, 앞으로도 이런 활동을 통해서 정직한 영업자가 더욱 발전할 수 있는 시장조성에 반드시 필요하고 독보적인 기관이 될 것이다.

과도한 단속과 규제는 분명히 식품산업 발전에 저해 요소로 작용하지만 적절한 지도와 악의적인 영업자를 시장에서 제거하는 일은 분명히 시장의 투명성을 향상시켜 건전한 영업자가 공생하고, 활동하는 데 큰 도움이 되고, 필요하다. 다만 단속이나 조사에 있어 성과평가를 건수나 구속 여부 등 정량적인 면에 치중할 것이 아니라 정성적인 부분도 추가한다면 억울한 영업자에 대한 과도한 단속이나 수사도 감소될 것이다.

식품사건과 언론보도로 인한 피해

    대통령 탄핵 선고 이후 각종 정치적 문제로 한동안 관심 밖에 있던 식품분야가 '햄버거' 하나로 온 국민에게 공포와 충격을 주었던 시기가 있었다. 소위 '햄버거포비아'의 확대로 햄버거 판매음식점에서는 고객의 발길이 끊기고, 매출하락으로 인해 다시 한 번 식품업계는 침체의 늪에 빠졌었다. 물론 피해자의 입장에서 보면 안타까운 일이겠지만 식품분야 창업자나 경영자의 입장에서는 사건이 전 식품분야로 확대되면서 식품안전에 대한 불신이 고조되어 피해가 있을까 촉각을 곤두세울 수밖에 없었다고 한다. 식품산업은 이처럼 소비자의 반응이나 언론 보도에 매우 민감하다. 반면에 삼성전자의 반도체 영업이익율이 50%에 달한다는 기사를 보면서 식품업계에는 이런 기사가 나면 소비자단체가 모두 들고 있어났을 상상을 해 본다.

    식품의 경우 다양한 레시피를 개발하고, 신제품을 개발하더라도 이를 특허로 보호받기도 어렵다. 게다가 소비자들에게 민감한 가격의 경우는 몇 십 원 올리는 것도 정부의 눈치를 보거나, 집중 감시대상이 될 수 있으므로 함부로 변경할 수도 없는 실정이라는 현실을 생각하면 참 어려운 것이 식품사업이란 말을 실감하게 된다. 게다가 다른 회사의 사건으로도 해당 분야나 전체 식품시장이 침체되는 큰 피해가 발생하기도 한다. 그렇기

때문에 언론보도를 담당하는 기자와 언론사는 매우 신중해야만 한다. 물론 단속과 수사를 담당하는 행정기관과 수사기관도 마찬가지로 적용된다.

  햄버거 사건으로 인한 인터뷰를 수차례 하면서 강조하는 내용은 이런 유사 사건의 경우 피해자만 있을 뿐 어느 누구에게도 이익이 발생하지 않는다는 점을 명심하면서 이제는 제도와 규제 개선을 통해 모두에게 도움이 되는 방향을 모색해야 한다는 점이었다. 우선 피해자라고 주장하는 소비자의 경우도 단순히 언론에 보도되고 검찰에 고소했다고 배상을 받는 것이 아니며, 결국 수년간의 민사 소송을 통해 최종적으로 승소를 해야 하는데, 이는 실제 식품사건에서 거의 발생한 적이 없는 아주 어려운 경우임을 인지하고 철저히 준비해서 맞서야 한다. 반대로 영업자의 경우 대기업이든 외국계 기업이든 일반 언론 보도가 시작되면 작게는 수억에서 많게는 수백, 수천억 원의 매출 감소와 이미지 훼손으로 인한 손해가 발생하고, 수사나 소송결과 무혐의 처분을 받거나 승소를 해도 어느 누구도 관심이 없고, 그냥 피해로 끝난다는 점을 알고 신속히 대응할 필요가 있다. 식품사건은 대응 속도가 생명이다. 게다가 부가적으로 특정 식품사건에 대해서 잘못된 정보나 사실이 보도되면 온 국민의 오해를 사게 되어 잘못된 편견이나 이유 없는 거부감을 평생 간직하게 되면서 이를 변화시키는 데 커다란 사회적 비용이 발생할 수 있다.

결국 어느 누구에게도 이익이 없는 상황이 발생한다. 이런 사건들을 미리 경험한 미국의 경우 왜 소송을 통하지 않고 조정이나 합의가 많은지를 도움을 받을 수 있다. 누군가가 반드시 승리하는 것을 추구하는 게 중요한 것이 아니라 피해를 각자 줄이고, 사회적 비용을 감소할 수 있는 방안을 모색하는 것이 가장 중요하다. 이런 차원에서 식품사건에 대해서도 언론과 관할 행정기관이 보다 신중하게 사건을 대하는 자세를 갖추어야 한다.

식품사건의 절대 다수를 차지하는 이물 문제 010

식품창업을 한 후 가장 많이 받는 소비자불만이 아마도 이물 클레임일 것이다. 실제로 가정에서 조리되는 각종 음식이나 식품접객업소에서 제공되는 메뉴에도 어쩔 수 없이 발생하는 것이 이물이다. 하지만 소비자는 가공식품에서 발생한 이물에 대해서는 매우 엄격하다. 우리가 이물이라고 일반적으로 생각하는 것은 단순히 머리카락이나 금속 등이 대부분인데, 실제로 식품의약품안전처 고시인 「보고 대상 이물의 범위와 조사·절차 등에 관한 규정」에 명시된 이물은 "식품등의 제조·가공·조리·유통 과정에서 정상적으로 사용된 원료 또는 재료가 아닌 것으로서 섭취할 때 위생상 위해가 발생할 우려가 있거나 섭취하기에 부적합한 물질을 뜻하고, 「식품위생법」 제7조에 따라 식품의 기준 및 규격에서 정한 경우로서 다른 식물이나 원료식물의 표피 또는 토사 등과 같이 실제에 있어 정상적인 제조·가공 상 완전히 제거되지 아니하고 잔존하는 경우의 이물로서 그 양이 적고 일반적으로 인체의 건강을 해할 우려가 없는 것은 제외한다."와 같이 매우 범위가 넓다.

이렇게 다양한 이물 중에서 특별히 3밀리미터(mm) 이상 크기의 유리·플라스틱·사기 또는 금속성 재질의 물질이나 동물의 사체 또는 배설물과 같이 혐오감을 줄 수 있는

이물, 그 밖에 고무류나 나무류, 토사류 등과 같이 인체의 건강을 해칠 우려가 있거나 섭취하기에 부적합한 이물의 경우 영업자는 발견 사실을 보고해야 한다. 다만, 여기서 휴게음식점이나 일반음식점, 제과점 등 식품접객업소는 해당되지 않는다. 간혹 이런 영업자에게 행정기관에 고발하겠다고 협박을 하는 블랙컨슈머들도 있는데, 이는 관련 법령도 제대로 모르고 단순히 공갈을 통해서 금전을 갈취하려는 행위이므로 식품의약품안전처나 경찰에 고발하면 된다.

또한 이렇게 과다한 금전을 요구하는 소비자와의 통화 내용이나 대화 내용을 녹음해서 추후 수사기관에 고발·고소 시 사용할 수도 있다. 통신비밀보호법에서는 대화자간의 녹음은 합법으로 규정하고 있기 때문에 큰 문제가 없다. 물론 녹음 전에 녹음을 고지하면 더 좋다. 최근 행정기관에 전화하는 대다수의 민원인도 휴대전화를 이용해서 통화녹음을 많이 하고 있어 공무원들도 대답할 때 항상 긴장하면서 한다. 영업자도 마찬가지다. 고객 응대 통화 시 최대한 간단히 하면서 서면을 통해 정확한 의도를 전달하는 것이 중요하다.

　허위 이물신고를 한 경우에도 식품위생법에서 처벌하도록 규정하고 있는데, 징역 1년 이하 또는 1천만 원 이하의 벌금형에 처해질 수 있다. 하지만 영업자의 경우 소비자로부터 이물 신고와 배상금 요구 사안이 발생하면 일단 진실을 밝히는 것보다 무마하거나 언론 보도로 이어지지 않도록 적정수준에서 합의를 하는 것이 일반적이고, 필요하다. 언론 보도를 통해서 입을 피해에 비해 배상액이 미미하기 때문이다. 이런 이유로 식품 대기업의 경우 고객클레임이 발생하면 일단 제품 교환이나 환불 등은 구체적인 사유를 엄격하게 따지지 않고 실행한다.

과도한 정부 개입의 문제점

011

식품 창업자들과 상담을 할 때마다 미안한 마음이 생길 정도로 신규 창업에 대한 규제를 극복하기가 쉽지 않고, 기술적 문제나 자본보다 다른 이유로 좌절하는 경우를 많이 접한다. 물론 국민이 섭취하는 식품이기 때문에 안전을 위해서라면 일정부분 감수해야 할 것들이 많이 있다는 것은 인정한다. 하지만 중복적인 규제와 불필요한 표시 등에 대해서는 앞으로도 지속적인 제도 개선이 필요하다는 데 이견이 없을 것이다. 미국을 포함한 외국의 법령에 대해서 완벽하게 이해하고 있는 것은 아니지만 전체적인 위생관리에 중점을 두고 있지 국내 식품위생법과 같이 전 분야에 대해서 일일이 정부가 관리하려는 의지는 없을 것이라고 추정된다. 이런 부분은 결국 소비자의 식품사건으로부터 발생한 피해를 배상하기 위한 문제와도 연결된다. 미국과 같이 징벌적 손해배상 제도가 발달한 곳이라면 아마 우리나라처럼 규제를 강력하게 실시하는 정부주도관리형 정책을 추진하지 못할 것이다. 그렇게 했다가는 아마도 정부가 벌써 파산하지 않았을까하는 생각이 든다.

예를 들어 한 소비자가 정부가 직접 관리하는 무항생제나 식품안전관리(HACCP) 등의 인증 제도를 신뢰하고 구매했는데, 그 제품에 인증에 문제가 있어 적발된 경우 소비자는 정부를 믿고 구매한 것이기 때문에 마땅히 정부에서도 배상을 해야 한다. 최근에는 연매출 100억 원 이상 식품업체에 대해 식품안전관리인증을 의무적으로 받도록 하고 있다. 이제 정부도 식품사건으로 인한 소비자의 손해배상 소송에서 열외가 될 수 없다.

보도에 따르면 식품의약품안전처에서 식품위생법에 소비자 피해구제를 위한 집단소송제 조항을 신설하는 검토를 하고 있고 이에 법무부와 협의 중인 것으로 알려져 있는데, 한편으로는 강력히 지지하지만 산재된 문제를 해결하지 않고 덥석 제도를 시행했을 때 발생할 문제를 생각하면 아찔하기만 하다. 제도 자체는 분명히 필요하고 소비자에게 도움이 되는 것이라 시행의 이익이 충분하다고 생각한다. 그러나 이런 제도를 시행하려면 현행 제도를 개선해서 우선적으로 식품의약품안전처를 포함한 정부가 관련 제도를 자율적으로 민간이 주도해서 시행하도록 선제적 조치를 취한 후에 시행해야만 한다.

소비자가 식품안전관리(HACCP) 인증을 신뢰하고 제품을 구매했는데, 문제가 생겼다면 1차 책임은 해당 업체가 되겠지만, 2차 책임은 인증 제도를 관리하면서 인증을 주거나 사후 심사를 담당하는 식품의약품안전처가 책임을 저야만 한다. 모든 책임을 해당 업체에만 미루게 된다면 결국 소비자는 반쪽짜리 배상밖에 받지 못하게 되기 때문이다. 결국 간단한 문제가 아니다. 식품의약품안전처는 발표를 통해 소비자 중심의 기관으로 거듭날 것을 천명한 바 있는데, 이는 매우 환영할 만한 일이나 관련 규제와 제도를 함께 개정하면서 추진해야 한다. 그래야 정부의 정책을 믿고 식품업계나 소비자 모두 각자의 책임을 다하고, 권리를 누릴 수 있다.

가맹사업 계약 시 주의사항 012

2017. 5. 30.부터 100개 점포 이상을 보유한 프랜차이즈 업체는 알레르기 유발 식품의 원재료명을 반드시 표시해야 한다. 프랜차이즈는 일반적으로 통용되는 용어고, 법률에서는 가맹사업이라는 용어를 사용한다. 아마 우리에게 친숙한 많은 식품접객업소 브랜드가 가맹사업이라고 생각하면 될 정도로 매우 발전하고 확대되고 있는 추세다. 제과점부터 빙수전문점, 고기판매점 등 다양한 종류의 가맹사업이 있기 때문에 창업자들이 창업 초기 어려움을 극복하고자 많이 이용한다. 그런데 이 가맹사업의 장점만 보고 사업을 시작했다가 피해를 보는 사례가 많으므로 매우 주의해야 하고, 실제로 가맹사업이 어떤 단점이 있는지도 꼼꼼히 따져볼 필요가 있다.

가맹사업거래의 공정화에 관한 법률은 2002. 5. 11. 제정되어, 그해 11. 1. 시행되었으며, 가맹본부의 소위 '갑질'을 방지하고자 수십 차례의 개정을 통해 현재는 가맹점사업자를 보호하는 데 앞장서고 있는 것은 사실이다. 하지만 앞서 언급한 것처럼 이런 법률을 악용하는 사례도 흔히 발생하기 때문에 가맹점사업자들은 가입 전에 조사나 공부를 철저히 해야 한다. 우선 가맹점사업을 희망하는 경우 공정거래위원회에서 운영하는 공식 홈페이지에서 가맹본부가 제공한 정보공개서 등 가맹사업에 대한 일련의 정보들을 다운

로드 받아서 살펴볼 수 있다. 해당 홈페이지를 방문하면 가맹사업 소개, 정보공개서, 가맹희망플러스, 알림마당, 피해구제 등의 메뉴가 있으므로 가맹사업을 희망하는 사업자는 반드시 방문해서 확인해야 하는 사이트다.

이 가운데 특히 정보공개서와 피해구제 부분은 실제 정확한 정보 제공의 목적과 함께 실패나 피해 사례를 공개하고 있으며, 공정거래위원회에서 운영하는 한국공정거래조정원에서 가맹점사업자가 가맹본부로부터 부당한 대우를 받았을 경우 복잡한 소송이나 고발을 하지 않더라도 손쉽게 피해를 구제받을 수 있는 제도 또한 확인할 수 있어 사전에 가맹사업을 이해하고 사고를 미연에 방지하는 데 큰 도움이 된다.

또한 식품접객업을 시작하려는 창업자 외에도 식품제조·가공영업자의 경우 이런 가맹점본부에 다양한 제품을 공급하는 경우가 많아 제대로 알고 제품을 공급하는 것이 좋다. 이때 거래를 하는 가맹본부의 부실경영으로 물품대금을 제때 받지 못해 고생하는 사건도 다수 발생하였는데 이에 대한 주의도 필요하다. 가맹본부의 재정 상태나 성실성, 운영 상황 등을 파악하기 위해서도 정보공개서가 매우 중요하니 거래하는 식품제조·가공업소에서도 반드시 확인할 필요가 있다.

식품창업과 로봇 등 신기술

   AI가 인류 최고의 바둑기사를 꺾고 승리를 거둔 것이 얼마 지나지 않았는데, 미국에서는 벌써 로봇들이 음식점까지 빠르게 침투해서 주문을 받고, 조리를 해서 식사를 제공한다는 뉴스가 나오고 있다. 아직 미국의 한 도시이야기지만 이제 이런 뉴스는 더 이상 뉴스가 되지 않을 시기가 곧 다가올 것이다. 레스토랑 자동화 플랫폼을 통해 미국 샌프란시스코 시내에 있는 무인레스토랑 이트사(Eatsa)에 대한 이야기다. 이와 비슷하게도, 미국 시카고에 있는 매장에서는 손님들이 앱이나 키오스크를 통해 찐빵을 주문한 다음, LED가 켜져 있는 음식 보관함에서 주문한 식사를 받을 수 있게 되는데, 작은 음식 보관함 앞에는 언제 요리가 준비되는지도 미리 알려준다고 한다. 이미 국내 일부 프랜차이즈 업계도 사람이 주문받는 것을 대폭 줄이고, 완전히 키오스크를 통해서만 주문받는 매장이 점차 늘고 있다.

   이미 국내에 진출한 다수의 햄버거 회사들은 키오스크를 활용해서 주문을 받고 있으며, 버거킹이나 롯데리아의 경우 일부 매장에서는 아예 키오스크만으로 주문을 받는 실험을 하고 있다. 고객입장에서 급할 때는 불편할 수도 있지만 지금처럼 최저임금이 상승하고 있는 상황에서는 영업자 입장에서 다른 방도가 없을 것 같다는 생각이 든다. 이밖

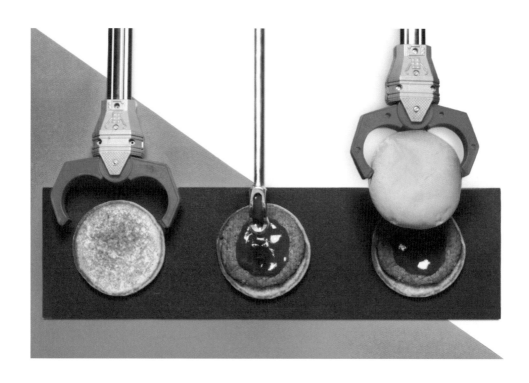

에도 미국에서는 로봇이 주문을 넘어서 조리까지 하는 단계로 발전했고, 간단한 조리단계인 햄버거 패티를 굽는 용도로 이미 50여 개 매장에서 널리 사용될 예정이라고 한다. 이렇게 되면 지난 햄버거 사건과 같이 일정 온도 조절에 문제가 생겼다고 주장하는 사건도 앞으론 일어나지 않을 것이다. 물론 로봇도 실수를 하겠지만 프로그램에 따라서 실행된다면 기존의 기계를 사람이 조작하는 방식보다 확률상 매우 안전하게 온도유지가 될 것이기 때문이다.

미국이 인건비가 우리나라보다 높은 것은 사실이지만 단순히 인건비 때문에 로봇을 사용하는 것은 아니다. 미국 노동 통계자료에 따르면 레스토랑 근무자의 이직률은 지난해 76%에 달하고, 식당 주인이나 관리자가 보다 안정적인 대안을 찾다보니 이런 로봇 개발이 시장의 니즈를 충족하는 것이라고 알려져 있다. 로봇 도입이 과연 식당 관리에서 인간을 밀어낼 것인지에 대해서는 이견이 많다. 결국 로봇을 조종하고 프로그램을 작동하는 것도 사람의 손이 필요하기 때문이고, 간단한 조리는 가능하지만 복잡하고 다양한 고객의 니즈를 맞추기 위해서 로봇이 할 수 있는 범위가 한정적이라는 견해도 있다.

　하지만 이미 이런 로봇의 식품업계 진출은 기정사실화 되어 있고, 이를 막을 수도 없다. 국내에서도 인건비 상승이나 인력 구하기가 어렵다는 이유로 많은 시도가 있을 것이다. 게다가 조리상에 발생하는 위생문제도 로봇을 활용해서 개선하는 방법도 제시될 수 있다. 또 식품접객업뿐만 아니라 이미 제조 현장에는 산업용 로봇이 사용된 지 오래라 생소한 상황도 아니다. 그렇다면 식품분야에 있어서도 응용기술을 통해 산업 발전과 변화를 두려워하지 말고 선제적으로 활용할 수 있는 방법을 강구해야 하며, 가장 우선시 되어야 할 것이 바로 법률을 포함한 규제완화다.

신기술 창업에 대한 시장의 수용 문제

014

미국 서부 캘리포니아주에 위치한 실리콘밸리는 지명에 반영된 것처럼 반도체 관련 첨단기술보유 기업들이 자리를 잡으면서 형성되었다. 우리나라에도 각종 산업단지와 복합단지들이 여러 지역에 산재하고 있지만 실리콘밸리는 단순히 공장들이 입주한 것이 아니라 기술집약적 연구소와 개발자들이 모인 곳이라 매우 독특한 문화와 기업들의 구성으로 유명하다. 이런 실리콘밸리에는 원래 반도체부터 인공지능까지 주로 전자 및 프로그램과 바이오산업이 주를 이루고 있었는데, 최근 식품관련 기업들이 우후죽순으로 생기면서 큰 주목을 받고 있다는 보도가 있다. 인공 고기 제조, 인공 달걀, 배달 로봇, 로봇을 이용한 피자 제조 등 그 분야도 매우 다양하고 단순히 스타트업 차원을 뛰어 넘어 이미 대량 생산이 가능한 수준이라고 하니 우리나라에도 곧 유사한 신생 업체가 시장을 주도할 것이라 조심스럽게 예상해 본다.

실리콘밸리에 있는 다양한 푸드테크 기업 중에서 '임파서블 푸드(Impossible Food, 불가능한 식품)'이라는 회사가 만든 햄버거가 인기라고 하는데, 이 회사는 도축한 소고기를 사용해서 패티를 만드는 것이 아니라 실험실에서 세포배양을 통한 소고기를 제조하고, 공장에서 일괄 생산한다고 하니 기존의 축산농가에서 공급되는 소고기를 생각하는 사람

들에게는 마치 공상과학영화 속의 이야기처럼 들릴 수도 있다. 실제 이 회사는 이런 소고기 패티를 이용해서 최근 '임파서블 햄버거'를 만들어 실리콘밸리 인근 레스토랑에 공급하고 있는데, 가격이 약 16달러(1만8000원) 정도로 기존 국내 수제버거 가격의 2배에 불과하고, 무엇보다 질감이나 맛이 햄버거와 거의 흡사하고 고기 특유의 식감도 있어서 고급 소고기보다 저렴하다는 평가를 받고 있다고 한다.

이런 보도를 보면서 국내 소비자의 식품에 대한 막연한 불안감과 불신, 그리고 정부의 과도한 규제를 고려할 때 우리나라에서는 이런 사업이 불가능하겠다는 안타까운 생각이 먼저 들었다. GMO관련 사례만 봐도, 일부 소비자들의 공포와 거부감이 극에 달하고 있다. 이에 대해 식품의약품안전처나 관련 산업계, 소비자단체의 이해관계로 인해 아무런 대책을 마련하지 못하고 여전히 우왕좌왕하는 행태를 보면 더욱 안타깝다. 반대측 입장을 보면 과학적인 근거나 설명을 도무지 받아들이지 않으려는 태도가 문제고, 산업계나 정부도 반대를 위한 반대가 아닌 구체적인 대안을 제시하지 못하고 있는 듯하다. 결국 문제해결은 점점 어려워지고, 소비자들도 편견에서 비롯된 거부감이나 무관심이 전부가 되어 버렸다. 이런 상황이라면 공장에서 세포배양을 통해서 만들어진 소고기 역시 거부 감을 가지고 단점만을 들춰낼 것으로 보여, 걱정이다.

관련 법령 역시 식품의 유형이나 영업의 종류 등이 행정 편의적으로 법령에 규정된 대로만 운영이 가능하므로 신규 창업이나 제품 생산이 매우 어려운 실정이라는 것을 창업 자들은 감안해야 하기 때문에 매우 어려운 난관에 부딪히는 일이 많다. 아무리 기술이 좋고 새로워도 결국 그것을 수용할 사회 분위기와 사업으로 진행시키는 데 방해가 되지 않는 규제완화가 제일 우선이다.

성공적인 농식품창업의 가능성

'한국의 자영업자 보고서'란 책에서는 자영업자란 영어로 'self employed'로, 스스로를 고용한, 즉 종업원이 없거나 무급가족봉사를 포함해서 결국 홀로 외로이 전장에서 싸우는 사람과 같다는 표현을 사용했다. 게다가 이미 언론에 많이 보도가 되었던 것처럼 2년 안에 40%, 5년 안에 70%가 폐업을 하고, 전 세계 맥도날드 매장(3만6천여 개)보다 국내 '치킨집'이 더 많은 게 현실이라는 매우 비관적인 통계도 있다. 하지만 창업이 무조건 비관적이지만은 않고 레드오션이라도 차별화에 대한 아이디어만 있고, 법령 개정이나 시대의 흐름을 잘 읽는다면 충분히 성공할 수 있다고 생각한다.

최근 농림축산식품부가 농수산물품질관리법 시행령에 규정된 농산가공품의 정의를 개정하면서 일반 가공식품과 구분지어 농산물을 원료 또는 재료로 50% 이상 사용한 경우에 적극적인 지원을 시행할 계획이라고 밝혔다. 이렇게 되면 가내수공업 수준으로 머물러 있는 농업회사법인이나 영농조합법인이 좀 더 공격적이고 체계적인 지원하에 활성화될 것으로 예상된다. 이런 관점에서 식품분야 창업에 관심이 있는 사람이라면 지역 농산물을 단순 가공해서 만들 수 있는 제품을 해당 지역의 농민과 함께 농업회사법인을 설립해서 협업하거나, 아예 농업인끼리 모여 영농조합법인을 설립해서 다양한 사업을 운영하는 것도 하나의 좋은 시도가 될 것이다. 우리나라 정책 중에서 농민에 대한 것만큼 관대한 것이 없고, 그 다음이 예비창업자에 대한 것이므로 이 둘을 모두 충족시킬 수 있는 창업자라면 준비과정부터 매우 포괄적이고 다양한 지원을 받으면서 비교적 손쉽게 시작할 수 있다. 다만 성공은 결국 창업자의 아이디어와 노력에 달려 있다는 점은 똑같다.

요새는 각 지역 대학에는 창업보육센터가 있고, 지역의 지리적 특성과 명성을 가지고 있는 특산물이 곳곳에 존재한다. 판로가 문제라고는 하지만 이 역시 다양한 기관에서 컨설팅과 함께 지원사업을 하고 있기 때문에 기존 제품에 비해서 확실한 차별성만 부각되고, 적절한 가격에 생산이 가능하다면 충분한 경쟁력이 부여될 수 있다. 게다가 일반 가공식품과 달리 농산물가공품으로 분류되면 식품위생법의 까다로운 규제도 해당 지역의 조례를 통해서 완화된 기준을 적용받을 수 있는 장점도 크다.

이처럼 지원 제도가 비교적 풍부하기는 하나 구인이나 정보 습득의 어려움 등 다양한 문제가 있기는 하다. 하지만 편안하고 성공이 예견된 창업은 없다. 주어진 재화를 가지고 최대한의 효율성을 추구하면서 이익을 내야 창업시장에서 성공할 수 있다는 기본 원칙을 잊지 말고, 각종 지원 제도와 식품 관련 정보를 취득해서 활용하려는 노력을 지속적으로 한다면 성공가능성은 더욱 높아질 것이다. 추가로 농업기술실용화재단 같은 곳에서도 많은 지원사업을 시행하니 참고하면 도움될 것이다.

식품창업과 안전의 상충관계

한 유명 일간지에 억울한 영업자와 시대 흐름을 반영하지 못하는 법률의 한계를 쟁점으로 유명 온라인 식품판매 사이트에서 소위 즉석판매제조·가공영업점에서 만든 빵을 판매했다가 전과자가 되었다는 기사가 게재되었다. 현행 규제의 문제점을 지적해 달라는 요청을 받았는데, 애석하게도 전문가에 입장에서는 볼 때 규제에는 아무런 문제가 없었다. 오히려 현행 법령을 제대로 알아보지도 않고 제품을 판매한 제과점 영업자나 유명 온라인 플랫폼이 문제라고 지적하자 해당 인터뷰는 기사에서 볼 수가 없게 되었다.

사실 어느 전문가보다 신랄하게 식품의약품안전처의 정책이나 관련 법령 집행에 대해 비판을 하고 있지만 이는 99% 잘하는 중에 간혹 발생하는 문제에 대한 애정 어린 쓴 소리다. 식품안전문제라는 화두를 놓고 보면 현행 법령을 영업자의 입맛대로 개정하기란 쉽지 않다. 오히려 식품사건이 발생할 때마다 처벌 강화와 안전에 대한 규제가 점점 더 강화되는 것이 현실이다. 일부에서는 산업 발전을 위해 규제 완화가 필수라지만 다른 산업과 달리 식품산업은 안전문제가 항상 우선이 된다.

식품분야 영업을 새롭게 시작하는 창업자들 대부분은 현행 법령을 잘 준수하면서 사

업을 시작한다. 그런데 기존에 활성화되지 않았거나 관련 법령 위반 문제로 진행된 적이 없는 사업을 하려는 사람들은 규정의 옳고 그름과 법령 제정 이유 등을 고려하기보다 자신의 사업이 진행될 수 없음에 대해 억울함을 더 호소하거나 현행 법령에 대한 비난으로 일관한다. 온라인 플랫폼에서 즉석판매제조·가공업으로 신고한 업체가 빵을 판매한 것은 관할 행정기관에 전화 한 통만 해도 위반이라는 사실을 알 수 있는 단순한 문제다.

영업자라면 자신의 사업의 운명이 달려 있고, 전과자가 될 수 있는 중대한 문제임에도 불구하고 아무런 사전 검토도 없이 진행했다는 게 믿기지 않는다. 게다가 해당 유명 식품판매회사도 요즘 유명 연예인을 광고모델로 고용하면서 수백억 원의 투자를 받았다고 보도되는 상황에서 이처럼 간단한 법률 검토조차 없이 사업을 한다는 것도 이해가 되지 않았다. 영업자란 자신의 이익을 위해서 일을 하는 사람이고 회사인데, 자신과 관련된 법률에 대한 이해를 구하지도 않고, 알아보려고 하지도 않은 가운데 법령이나 행정기관만 비난한다는 것은 분명히 잘못이다. 실제로 식품접객업, 즉석판매제조·가공업, 식품제조·가공업은 시설기준이나 위생관리 면에서 큰 차이가 있다.

　법령은 시대를 사는 사람들 간의 약속이라 계속해서 변할 수밖에 없고, 변해야 한다. 과거에는 적절하고 합리적이었던 것이 지금은 구시대적이라 폐지되어야 하는 것도 있다. 그 변화를 판단하는 건 담당공무원 혼자 하는 것도 아니고, 국회의원이 하는 것도 아니고 관련 전문가와 업계 관계자들이나 소비자 전체가 납득이 되어야 가능한 것이다. 하지만 식품분야에서는 안전이 최우선이다.

영업자준수사항 확인의 필요성

017

식품위생법에서는 식품제조·가공업, 즉석판매제조·가공업, 식품접객업 등 영업의 종류를 명확하게 규정해 놓고 있다. 창업자가 아무리 좋은 아이디어를 가지고 사업을 시작하려해도 이런 규정을 벗어나게 되면 무등록 영업으로 처벌받는다. 게다가 각종 영업의 종류에 따른 영업자준수사항도 식품위생법 시행규칙에 규정되어 있는데, 이런 세부적인 법령까지 확인하지 않고 영업을 했다가 낭패를 보는 사례가 많이 발생한다. 특히 최종 소비자에게 직접 판매를 할 수 있는지 여부와 배송문제에 따라 어떤 영업의 종류로 시작해야 하는지 결정할 필요가 있다는 점을 알아야 한다. 최근 이와 관련해서 다양한 질문들이 많이 있는데, 즉석판매제조·가공업의 배달 범위와 한계 등에 대해서 명확히 알지 못하고 진행했다가 전과자가 된 사례까지 있다.

우선 즉석판매제조·가공업의 경우 식품위생법 시행규칙 제57조 [별표17] 식품접객업 영업자 등의 준수사항 2. 즉석판매제조·가공업자와 그 종업원의 준수사항 가목에 따라 해당 영업소에서 제조·가공한 식품을 판매를 목적으로 하는 사람에게 즉, 다른 영업자에게 판매하여서는 아니 되며, 영업자나 그 종업원이 최종소비자에게 직접 배달하는 경우나 식품의약품안전처장이 정하여 고시하는 기준에 따라 우편 또는 택배 등의 방법으

로 최종소비자에게 배달하는 경우만 합법이다. 결국 배송 형태와 상관없이 영업자는 식품위생법에 규정된 다른 영업자를 제외한 최종소비자에게만 판매할 수 있다. 다만, 배송 편의를 위해 지정한 물류 업체에게 위탁하는 경우는 허용되나 위탁자는 반드시 즉석판매제조·가공영업자가 되어야만 한다. 당연하지만 이때 제품은 반드시 식품 등의 표시기준에 따라 명확하고 합법적인 표시가 되어 있어야 하는 것은 당연하다.

일반음식점의 경우에는 배달의 범위가 식품위생법 시행규칙에 명확하게 규정되어 있지 않다. 다만 식품위생법 제7조에 따른 식품의 기준 및 규격 제6. 식품접객업소의 조리식품 등에 대한 기준 및 규격에서 식품접객업소의 조리식품이란 '유통판매를 목적으로 하지 아니하고 조리 등의 방법으로 손님에게 직접 제공하는 모든 음식물'이므로 단순 판매의 범위를 벗어나 유통의 목적인 경우는 위법한 것으로 판단될 수 있으므로 주의를 요한다. 결국 식품접객업 영업자가 찾아왔던 고객이나 단골에게 서비스차원에서 배송을 하는 것은 가능하지만 작정하고 유통할 목적으로 이런 서비스를 제공한다면 사전에 식품제조·가공업 등록이나 즉석판매제조·가공업 신고를 해야 한다.

통상적으로 일반음식점에서 조리된 식품은 식중독, 교차오염 등의 위해가 발생하지 않도록 주의해야 하므로 장거리에 있는 소비자에게 배달하는 경우는 간헐적인 것이 아닌 정기적인 영업의 형태라면 위법하다. 이외에도 개별 영업자가 지켜야 할 다양한 항목들이 있으므로 창업 전에 반드시 확인하고 전문가의 도움을 받거나 관할 행정기관에 가서 담당공무원에게 상담을 받는 것이 좋다.

IV

식품창업과
스타트업 사례

정부주도 창업의 실패 사례, 푸드트럭

2014년부터 푸드트럭 개조 및 영업이 합법적으로 가능해지면서 푸드트럭 창업에 대한 관심이 높아졌다. 푸드트럭 창업은 기동성 외에도 오프라인 식당에 비해 창업비용 부담이 적다는 것을 장점으로 내세우며 예비 창업자들에게 비교적 쉬운 창업의 길을 제공한다. 보통 2,000만 원에서 4,000만 원 선의 창업비용은 청년창업자에게 매력적으로 작용하고 있다. 당시 정권에서 다양한 지원 정책을 내놓으면서 창업자들을 유혹했었다. 행정자치부는 푸드트럭 영업자들이 자유롭게 이동하며 영업 가능하게 하고 사용료를 구역 사용 시간과 횟수에 따라 납부하는 방식을 도입할 계획이라고 밝힌 바 있었고, 푸드트럭을 이용한 케이터링 서비스 플랫폼, 이벤트 기획 등의 새로운 사업 가능성도 열릴 것으로 전망되었지만 결과적으로는 전부 사실과 달랐다.

푸드트럭 영업 절차는 푸드트럭 운영이 허용된 지역에서 영업 허가를 받는 것부터 시작한다. 사업자로 선정되어 계약이 성사되면, 교통안전관리공단에서 자동차 구조변경을 신청한다. 한국가스안전공사에서 가스완성 검사 승인까지 받으면 업종에 따른 위생교육 및 건강진단을 실시한다. 최종적으로 영업 지역 시·군·구 위생담당 부서에 영업신고 승인을 얻으면 영업개시가 가능하다. 결론적으로 트럭의 장점인 이동성이 제한되고, 고

객을 찾아갈 수 없고, 일반음식점처럼 고객의 방문을 기다려야 하는데, 문제는 이미 기존 상점이 형성된 곳에는 영업허가가 나질 않는다는 것이다. 결국 기존 상권이 없는 외진 곳에서 고객을 유치하고 제품을 판매해야 하니 영업개시일부터 난관에 부딪힐 수밖에 없다.

푸드트럭은 규제 개혁의 대표 사례로 언급되고 있지만, 현실에서 푸드트럭의 원활한 운영은 어려운 상황이었다. 합법적으로 영업을 하기 위해서는 푸드트럭의 영업이 허용된 구역과의 계약이 필수적인데, 계약 자체가 쉽지 않았다. 기존 상권 보호를 위해 푸드트럭 모집 공고가 적었기 때문이다. 이에 정부는 푸드트럭 영업 가능 범위를 유원시설에서 도시공원·체육시설·관광단지·하천부지·대학 등으로 확대하였으나 공고의 증가로 이어지지는 못했다. 트럭 개조를 먼저 완료한 창업자들은 결국 영업 구역을 확보하지 못하거나 계약되지 않은 장소에서의 영업으로 합법의 범위를 벗어난 운영을 하게 되었다. 이러한 문제를 해결하기 위해 지자체 주도하에 서울 여의도한강공원의 '밤도깨비 야시장'과 같이 지역 상권과 떨어진 곳에 푸드트럭 상권을 개발하거나 각종 페스티벌에 푸드트럭을 유치했지만 큰 효과가 없었다.

결론적으로 정부주도의 창업시장의 총아로 시작했지만 지우고 싶은 애물단지가 되버렸다. 정부의 유혹에 빠진 창업자들 역시 다수가 채무를 감당하기 힘들어 폐업에 이르렀다는 보도를 접했다. 예견된 몰락을 정부만 보지 못한 결과다. 창업은 민간이 창업자의 필요에 의해 자율적으로 주도해야 하는 것이지 정부가 주도해서는 안 된다는 교훈을 주는 대표적 사례가 바로 푸드트럭 사업이 되었다.

푸드트럭의 고군분투

정부가 적극적으로 식품분야에 대한 창업지원을 강화한 최초 사례가 푸드트럭이다. 대통령의 한마디에 일사천리로 식품위생법 시행규칙이 개정되고, 지방자치단체마다 활성화 방안이 발표되면서 창업자의 관심이 넘쳐 났었다. 하지만 거기까지였다. 해외에서 대중성 검증을 마친 푸드트럭, 국내에서는 초기 반짝하는 정도의 정책홍보효과 이외에 성공사례를 찾기 힘들다. 푸드트럭 영업의 합법화로 트럭 개조 건수가 증가했으나, 영업구역을 확보하지 못한 영업자들은 길을 찾지 못하고 있는 상황이다. 트럭 판매회사와 개조회사만 돈을 벌었다는 소리가 그냥 나오는 것이 아니다.

영업 허용 지역과 계약을 맺지 못한 푸드트럭 창업자들은 단속을 피해 여러 장소를 전전하며 영업하고 있을 것으로 추측된다. 결국 기존 노점상들과 다를 바 없다. SNS를 활용해 영업장소 변동을 공지하거나, 인근 가게들의 문을 닫는 자정 이후 시간에 영업을 시작하기도 한다는데, 끊임없는 단속에 지쳐 결국 폐업하는 경우가 대부분이다. 공부도 자기주도 학습이 필요하듯이 창업도 지원정책이나 제도만 보고 따라가서는 안 된다는 것을 보여 주는 대표적인 사례다.

물론 합법적으로 영업허가를 받은 푸드트럭은 그렇지 않은 영업자에 비해 안정적으로 장사를 할 수 있다. 다만 영업신고를 한 장소에서만 영업이 가능하기 때문에 장소의 사업성 유무에 따라 수익 차이가 발생한다. 따라서 유동인구가 많은 지역이나 축제의 푸드트럭 공모는 4대1의 높은 경쟁률로 진행되는 경우도 있다고 한다. 주로 대학축제나 지역축제에 참가하는 푸드트럭은 고정적 수입은 만들기 어렵지만, 푸드트럭이 환영받는 환경에서 영업하는 만큼 한 번에 수익을 올리는 것이 가능하다. 축제는 보통 여러 대의 푸드트럭을 동시에 유치하기에 개성 있는 푸드트럭들의 시너지 효과도 기대할 수 있다.

관광명소나 축제의 푸드트럭들은 기존의 노점에서 자주 접하던 메뉴에서 벗어나서 창업자 자신이 여행하며 즐겼던 이국적 식품을 구현하기도 하고, 로컬 푸드를 사용하여 차별화를 시도하기도 한다. 그 좋은 예가 제주도에서 제주산 식재료를 활용하는 푸드트럭이다. 제주 말고기 패티가 들어간 수제버거를 판매하는 '섬버거'와 제주산 딱새우를 주재료로 한 로제 파스타를 판매하는 '요리하는점빵'은 신선한 재료와 합리적 가격으로 인기를 끌고 있다니 지역의 특산물로 차별화를 시킨 경우다. 하지만 이런 차별화는 가능해도 결국 고객이 있어야 하고, 유치에 어려움이 없어야 하기 때문에 다른 지역에서 아이디어로만 승부하는 것을 주문하는 것은 어불성설이다. 푸드트럭의 실패를 창업자에게만 돌릴 수도 없다.

아직까지 미약하지만 영업지역 확보와 식품위생법 준수 등 해결해야 할 문제가 있음에도 푸드트럭은 예비창업자들의 관심을 받고 있다. 제대로 영업을 해 보지도 못한 채 사라지는 사례에서 보았듯이 푸드트럭 창업의 진입 장벽은 인기 있는 장소에서 영업을 할 수 있는 허가다. 따라서 예비창업자들은 관련 정책과 공고를 꼼꼼히 확인하는 자세가 필요하며, 소자본으로 일단 시작하고 보자는 태도나 적당한 수준의 레시피나 메뉴로는 어렵다. 유동 인구와 영업장소에 대한 조사가 필수다. 푸드트럭이 살아남을 수 있는 유일한 길이다.

플랫폼을 활용한 식품창업

창업에 대한 사회적 관심이 많아지면서 다양한 신생 용어들이 생기고 있는데 그중 하나가 바로 스타트업이란 단어다. 스타트업(Start-up)이란 미국 실리콘밸리에서 만들어진 용어로, 1990년대 후반 닷컴 버블로 창업붐이 일었을 때 생겨났는데, 보통 고위험·고수익 가능성을 지닌 기술·인터넷 기반의 회사를 지칭했지만 신규 창업회사를 일컫는 말로 의미가 확대되어 설립한 지 오래되지 않은 신생 벤처기업을 뜻하게 되었다고 한다. 혁신적 기술과 아이디어를 보유한 신생기업으로 대규모 자금을 조달하기 이전이라 벤처와는 다른 개념이다. 식품분야에도 스타트업이 활성화되면서 벤처로 넘어가는 기업도 많이 배출되고 있다.

특히 제조와 판매를 담당하는 유통망에 있어서 전통적인 마트, 쇼핑몰, 오프라인 판매점 등을 벗어나 온라인상에서 다양하고 새로운 플랫폼이 생겨나고 있다. 지마켓이나 옥션, 11번가 등과 같이 중개역할을 하는 플랫폼이라는 점에서는 동일하지만 실제 창업자가 일시적으로 제품을 판매하면서 펀딩을 하는 경우도 있고 그 형태가 정형화되어 있지 않아서 일률적으로 정의하기가 매우 어렵다. 가장 유명한 곳이 와디즈(www.wadiz.kr), 텀블벅(www.tumblbug.com)이다. 이곳에서는 개인이 책이나 식품 등 다양한 아이디어를 발표 및 광고하면서 제품 별로 다른 가격을 책정해 놓고 고객을 유인하고 있다. 특히 해당 제품에 대한 상세한 피드백과 직접 제조과정에 참여하는 듯한 경험을 할 수 있고, 이를 통해 판매자와 구매자 간에 소통이 강력하다는 것이 기존 유통 체인과 큰 차이다.

그런데 이런 사이트에 자주 방문해서 이런 새로운 유통 형태로 판매되는 제품의 광고를 살펴보면 여전히 미진한 구석이 많다. 아직 규모가 작고 담당 공무원들의 단속이 미치지 않는 곳이라서 그런지 기존 영업자로서는 도저히 엄두도 내지 못하는 과대광고 등이 버젓이 게재되어 있는 경우도 있었고, 체험기 등을 게재해서 현행 식품관련 법령을 위반하는 듯한 내용도 있었다. 물론 계속 나아져 지금은 이런 상황은 아니다. 사실 이런 내용도 전문가의 눈에 그렇게 느껴지는 것이고, 일반 소비자들은 법령 위반 행위라는 사실을 제대로 알지 못한다. 반대로 이런 이유로 소규모로 창업을 시도하는 영업자에게는 신제품 출시 전에 소비자의 반응을 확인할 수도 있고, 관련 법령의 위반 여부를 확인할 수 있는 기회도 제공하는 신개념의 사업이다.

식품제조가공업을 시작하는 신규창업자의 입장에서는 판매를 위한 유통망 확보와 제품 광고에 가장 큰 어려움을 겪는 것이 현실인 상황에서 와디즈나 텀블벅같은 신개념의 플랫폼은 반드시 활용해야 할 사이트다. 다만 아직은 관할 행정기관이나 경쟁회사의 주목을 받고 있지 않아 다소 위험한 수준의 광고가 가능하나 관련 법령에 대한 지원도 해당 플랫폼이 제공해서 장기적으로는 건전하고 합법적인 창업자 활성화에 기여해야 한다.

비제조가공분야 스타트업의 성공사례 소개 4

식품관련 스타트업에 대해서 시장의 관심이 높아지는 상황에서 소위 돈이 된다는 느낌을 최초로 준 사례는 바로 2016년 12월 신선식품 전문 판매회사인 헬로네이처라는 회사가 SK플래닛이라는 대기업에 지분 100%를 양도했다는 보도였다. 사실 이때까지만 해도 대기업에서 일부 제조업체를 인수한 사례는 있었다. 하지만 헬로네이처와 같이 식품분야에서 스타트업으로 출발한 신생 기업이자 제조업 기반이 아닌 회사를 대기업에서 관심을 가진 적은 없었다. 이 보도 이후 식품분야에서도 아이디어가 뛰어난 경우 대기업이나 사모펀드가 관심을 가질 수 있다는 인식이 확대되었다.

또 다른 성공사례는 서울대 벤처동아리 출신 학생들이 모여서 만들었던 인테이크라는 간편조리식 전문 업체다. 최근에 소프트뱅크벤처스라는 세계 최고의 벤처캐피탈에서 30억을 투자했다는 언론 보도가 있었다. 인테이크는 서울대 식품공학과와 산업디자인 전공자들을 주축으로 시작된 스타트업인데, 간편대용식과 아침 대용식 및 견과류 등의 제품을 개발해서 판매하는 회사다. 고객데이터를 기반으로 신제품을 적은 비용으로 빠르게 검증하여 시장에 내보내는 것이 강점이라고 하는데, 대부분의 고객이 20~30대 밀레니엄 세대라 젊은 층의 라이프스타일을 가장 잘 이해하는 식품 스타트업이라고 한다.

　벌써 매출이 100억 원이 넘었다고 하는데, 전통 식품제조업의 관점에서 보면 이 회사의 발전은 도저히 이해할 수가 없다. 이미 시장에 널리 알려진 제품을 새로운 포장과 제공 서비스로 차별화를 두어 성공한 사례다. 기존 식품영업자들은 곡류가공품 같은 식사 대용식은 너무 저렴하고 이동하면서 먹기가 불편하다는 이유로 시장의 한계에 초점을 두었다면 인테이크는 오히려 이런 점을 활용해서 편의점 시장에 휴대가 간편한 용기를 사용해서 젊은 층의 요구에 충족하는 제품을 공급한 시도가 획기적이었다고 평가된다. 결국 식품창업의 가장 바람직한 교본이 되었다.

　이밖에 엄선이라는 회사도 최근 주목을 받고 있는데, 19,000여 개에 달하는 식품의 원재료 데이터베이스를 통해서 함유된 식품첨가물을 해외 저명한 비영리재단에서 발표한 식품첨가물 안전 평가 기준을 적용해서 소비자에게 올바른 정보를 알려 주는 서비스를 제공하고 있다. 이미 아이들과 본인들의 건강을 생각하는 소비자들이 40만 명 이상 가입하여 활발히 활동하고 있으며, 영양정보를 활용해서 인공지능이 가장 적절한 식단과 가공식품의 조합까지 제공하는 서비스가 출시된다고 한다.

　지금까지 제조업과 기존 영업자들에게 한정되어 있었던 식품분야 벤처 또는 스타트업 투자분위기가 비제조가공업분야로 더욱 확대되고 있다. 과거 프랜차이즈 등에 사모펀드가 투자를 한 후 매각을 통해 이익을 취득한 사례는 있었지만, 비제조가공분야 벤처나 스타트업에 대해서 우호적인 시각이 커지는 상황은 처음이라고 해도 과언이 아니다. 이제 식품창업에 관심 있는 예비창업자도 전통적인 식품제조가공분야의 한계를 넘어 다양한 식품분야 창업에 관심을 가지면 좋을 것이다.

푸드테크 스타트업 소개

흔히들 식품관련 스타트업에게 푸드테크라는 용어를 많이 사용한다. 말 그대로 '테크' 라면 기술적인 뒷받침이 있어야 하고, 기존시장에서 볼 수 없는 새로운 무언가가 있어야 한다. 학계에서는 푸드테크의 정의에 대해 식품과 기술이 접목된 새로운 산업으로 식품 의 생산, 보관, 유통, 판매 등 관련 분야의 기술적 발전(서정주, 2016), 혹은 식품산업의 생산성을 높이거나 새로운 시장을 창출한 첨단 기술로 ICT 관련 기술을 적용한 것(김관 수외, 2016)이라고 한다. 우선 지금까지 없었던 O2O(Online to Offline)를 활용한 대표 적인 푸드테크로는 새로운 시장을 창출한 배달의 민족의 '배민수산', 메쉬코리아의 '부탁 해!', 벤디스가 운영하는 '식권대장' 등이 있다는데, 전부 기존 식품산업과 IT기술을 접목 한 예다.

이밖에 랩노쉬라는 브랜드로 식사 대용품을 선보인 이그니스도 기존의 제품과 차별성 을 가진다. 한국영양학회의 영양섭취 기준량을 바탕으로 영양 밸런스를 맞춰 한 끼 영양 섭취 기준을 충족시키는 비타민과 미네랄이 들어 있는 내용물을 플라스틱 병에 담아 판 매한다. 하지만 이 제품은 우리가 흔히 알고 있던 곡류가공품이나 기타가공품인 선식과 큰 차이가 없다. 비타민과 미네랄의 양을 맞춘 것을 제외하면 플라스틱 병에 담겨 편의

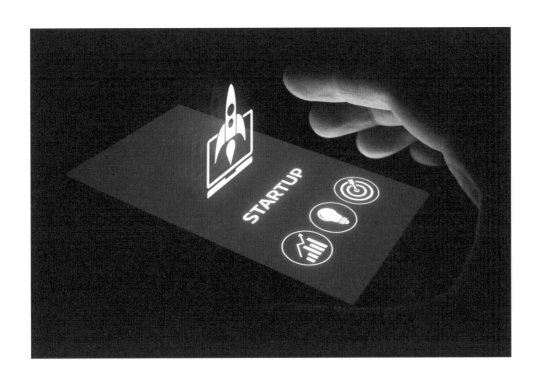

점에서 쉽게 구매가 가능하다는 점이 차별화되어 있긴 하나, 실제로 기존 회사들이 이런 방식의 제품을 선보이지 못한 이유는 기술부족이나 아이디어 부족이 아닌 용기 가격에서 오는 부담감이기 때문이었다. 하지만 이 회사는 비싼 용기를 사용해서 가격을 올리는 대신 소비자가 찾을 수 있게 디자인이나 제품 컨셉트를 제대로 잡았다. 이를 통해 새로운 시장을 개척할 수 있었다.

인테이크도 마찬가지다. 랩노쉬의 홈페이지에 들어가 보면 기존 업체들이 판매하는 각종 과일즙 제품들이 보이고, 다른 회사의 제품과 별반 차이가 없다는 것을 쉽게 알 수 있다. 누구나 만들 수 있는 제품을 차별화해서 소비자의 요구에 맞게 제공하는 서비스는 상식을 깨 버린 콜럼버스의 달걀과 같은 이치다. 랩노쉬의 경우 스스로 제조하는 것도 아니고 레시피만 제조업소에 제공해서 만든 제품이다. 소비자입장에서 과연 이렇게 비싼 1회용 용기를 계속해서 구매할 필요가 있는지, 텀블러 등 개인 용기를 가지고 다니는 부지런한 사람이라면 1/3도 안 되는 가격에 마트나 시장에서 쉽게 구매 가능한 선식을 이용하는 것이 큰 이득이 아닐지 따져봐야 한다는 상식이 깨졌다. 소비자가 변했고, 시장이 바뀐다는 것을 기존 영업자들은 간과했고, 젊은 창업자들을 활용한 예다.

단순히 디자인 등으로 새로운 시장을 개척한 것으로 폄훼해서는 안 된다. 대기업에 반찬제조업체를 양도한 젊은 CEO가 자신들은 반찬이 아닌 서비스를 판매했다고 강연하는 것을 본 적이 있는데, 정확한 표현이다. 단순히 제품을 판매하는 전통 식품산업은 이미 포화고 분명히 레드오션이다. 그 속에서 기술과 시대의 흐름을 읽고 고객의 요구를 충족시키는 아이디어와 마케팅이 필요하다는 것을 단적으로 보여 주는 것이 푸드테크다.

해외 스타트업 성공사례 도입의 한계

글로벌 시대에 살고 있기 때문에 해외에서 발생한 사건이나 문제들이 이제 완전히 남의 일만은 아니다. 식품분야 역시 미국의 법령 개정으로 인해 국내 업체의 제조 공정과 품질 관리 기준을 변경시킬 수도 있다. 그리고 몇 해 전처럼 유럽 등에서 발생한 살충제 달걀 사건이 결국 국내에도 급속하게 파고들면서 큰 문제가 되기도 한다. 창업에서도 일본 등 해외에서 먼저 유행한 제품을 국내에 들여와 소위 대박을 쳤다는 이야기는 이미 수십 년 전부터 알려져 있다. 인터넷이 발달하면서 일본보다 미국이나 유럽의 성공 사례를 벤치마킹해서 국내에 소개하여 크게 주목을 받거나 인기를 끄는 회사들도 많아진 건 더 이상 뉴스도 아니다.

하지만 여기서 반드시 주의해야 할 점은 아무리 해외에서 성공을 거둔 아이디어나 제품이라도 그것을 그대로 국내에 도입하는 것은 어렵다는 사실이다. 예를 들어 미국에서 이미 선풍적인 인기를 끌었고, 페이스북 등 국내 소셜 미디어에서도 큰 관심을 받았던 '가짜 고기'를 보자. 미국에는 실제 육류에 대한 거부감 등으로 채식주의자들이 광범위하게 산재해 있고, 이들을 위한 시장도 매우 크게 형성되어 있다. 또한 국내보다는 매우 현실적으로 비용을 지불할 능력을 가진 환경이나 생명을 중시하는 구매층을 확보하고 있기 때문에 이렇게 스테이크 맛을 내는 가짜 고기 제품이 식당과 온라인에서 인기리에 판매될 수 있다. 그런데 과연 '가짜 고기'를 그대로 국내로 들여온다고 성공할 수 있을까? 아마 십중팔구는 성공을 장담하기 어렵다는 견해가 지배적이라고 생각된다. 우선 시장의 상황이 다르고, 구매 가능 인구가 매우 작다는 점 등을 고려하면 이런 예견은 누구나 쉽게 할 수 있다.

실제로 실리콘밸리에서 현재 성공사례로 꼽히는 이동식 피자조리로봇을 탑재한 트럭 운영시스템 회사인 '줌피자(Zume Pizza)' 역시 국내에서는 아예 식품위생법 위반으로 운영 자체가 불가능하기도 하지만 실제 오토바이 배송으로 30분 이내에 전 지역으로 배달이 가능한 상황에서 군이 이런 대형 트럭에 피자 조리설비를 싣고 다닌다는 것은 광고효과를 제외하고는 현실성이 없다. 게다가 지정된 장소에서만 조리가 가능하므로 식품위생법 위반 소지도 다분하다.

사업을 하는 사람들이 국제 박람회에 비싼 비용을 지급하고 다니는 이유는 새로운 아이디어나 제품에 대한 정보를 얻기 위한 것이지만 그렇다고 무작정 카피하거나 국내에 수입할 수 있는 것은 아니다. 소위 현지화 전략이라고 해서 국내 시장 상황을 조사하고, 분석해서 구매층에 대한 연구와 규제나 법령에 대한 검토가 필수다. 분명한 것은 창업시장에서 기존에 전혀 존재하지 않았던 것을 새롭게 도입하는 것은 거의 불가능하다. 오히려 다수의 성공한 창업자들은 현존하는 것에 아이디어를 추가해서 변경하는 전략을 사용한 예가 많다. 규제와 법령을 넘는 것이 쉽지 않기 때문이다.

V

식품창업과 경영에
도움이 되는
FAQ

영업자의 질문

유통전문판매업 신고를 하지 않고 통신판매업 신고를 하면 행정처분도 없고 편하잖아요. 제가 판매하는 온라인사이트에서 구청에 통신판매업 신고만 하고 건강식품을 판매해도 문제 없을까요? 제가 등록한 상표를 제조업자한테 사용하도록 허가해 주고, 제품 성분의뢰서를 작성해서 주는 계약을 체결했습니다. 원료는 제조업자가 알아서 구매해서 사용합니다.

식품전문변호사의 답변

식품위생법 시행령 제21조(영업의 종류)에서는 유통·전문판매업을 "식품 또는 식품첨가물을 스스로 제조·가공하지 아니하고 제1호의 식품제조·가공업자 또는 제3호의 식품첨가물제조업자에게 의뢰하여 제조·가공한 식품 또는 식품첨가물을 자신의 상표로 유통·판매하는 영업"이라고 규정하고 있습니다. 이런 정의에 따르면 유통·전문판매업 신고대상자의 조건은 ① 자신이 제조·가공하지 않아야 하며, ② 자신의 상표로 유통·판매하는 것입니다.

질문을 보면 정확하게 파악하기 어려우나, 일단 영업자가 직접 제조하지 않고, 자신이 등록한 상표로 된 제품을 제조업자로부터 공급받는 것으로 보입니다. 이때 유통전문판매업인지를 판단하는 기준은 제조업자의 자율성입니다. 제조업자가 비록 상표 사용허가를 받았고, 성분의뢰서까지 받았지만 이렇게 제조한 제품을 질문하신 영업자뿐만 아니라 다른 영업자에게도 공급하는 상황이라면 유통전문판매업 신고를 할 필요가 없습니다.

그런데 해당 제품이 의뢰한 영업자에게만 공급되는 것이고, 상표 사용 허가가 등록권자인 영업자의 제품만을 생산하기 위해서 허가된 것이라면 이는 무조건 유통전문판매업 신고 대상입니다. 이때는 이와 동시에 오히려 제조업자가 해당 상품을 다른 영업자에게 판매하는 것을 감시하거나 위반 시 위약금을 청구할 수 있도록 계약서를 작성하는 것이 좋습니다.

유통전문판매업은 주문자상표방식(OEM)제조가 많은 대기업 등이 자신의 상표로 판매되는 제품에 대한 책임을 지도록 하는 제도입니다. 그러므로 해당 제품에서 문제가 발생한 경우 제조·가공업 영업자와 마찬가지로 행정처분도 받고, 형사 처벌도 받는 것이 일반적입니다. 이런 관점에서 볼 때 질문하신 내용을 보면 본인이 상표의 제품을 단순히 제조해서 공급하도록 제조·가공영업자에게 의뢰한 것이 전부인 것이 명확하므로 당연히 유통전문판매업 신고를 하셔야 합니다.

다른 제조시설을
임차해서 사용할 수 있나요?

002

영업자의 질문

식품제조·가공업 영업등록을 하려는데, 새로 시설과 설비를 갖추는 데 너무 많은 비용이 들어서 알아보니 저에게 딱 맞는 제조·가공 공장이 근처에 있어서 임대차 계약을 하고 왔습니다. 이미 다른 제품을 제조하고 있는 공장입니다. 작업장 일부를 임차해서 사용하는 데 문제가 없는 건가요?

식품전문변호사의 답변

우선 식품위생법에 따라 위생적인 관리가 가능하고 관련 기타 법령에서 제한하는 장소가 아니라면 단순히 임차라는 이유로 식품제조·가공업 등록이 불가하지는 않습니다. 임차해서 사용이 가능합니다.

다만, 같은 영업장소를 여러 명의 영업자가 공유하는 것은 불가능합니다. 즉, 하나의 영업장소에서는 한 명의 영업자만이 제조할 수 있습니다. 최근 일반음식점의 경우에는 정부에서 이를 완화하겠다는 의지를 천명한 적이 있지만 여전히 시행되지 않았기 때문에 위법은 맞습니다.

이미 미국에서는 식품제조시설 사업자가 별도로 제조 공간을 확보해서 다양한 식품제조영업자에게 영업장소와 시설을 대여하는 비즈니스가 활발히 진행된다고는 하나, 아직까지 국내에서는 식품위생법 시행령에 규정된 영업의 종류를 개정해야 하는 문제가 해결되지 않아서 이런 사업은 불가능합니다. 현재 국내에서도 다양한 형태의 제조시설 공유 비즈니스가 진행된다는 광고를 접했지만 실질적으로 영업자가 제품 제조를 위탁받아 생산하는 형태를 취할 것으로 예상되며, 단순 일용직 직원 고용의 형태로 의뢰자들이 해당 시설에서 제조에 참여하는 등의 편법을 사용해서 단속을 피할 수는 있겠지만 궁극적으로 입법을 통해 가능할 것으로 판단됩니다.

질의하신 영업자의 경우에는 제조시설에 대한 공유 형태가 아니라 일부 장소를 임차해서 사용하는 것이기 때문에 이와 같은 위법의 우려가 전혀 없고 그대로 관할 행정기관에 식품제조·가공영업에 대해 등록을 진행하면 될 것입니다.

전국 유명 마카롱 제품을
온라인에서 팔 수 있나요?

003

영업자의 질문

요즘 마카롱전문점이 있을 정도로 인기를 끌고 있습니다. 그래서 제가 전국에 유명한 마카롱 판매점을 찾아다니면서 공급 계약을 하고, 온라인 사이트를 만들어서 주문을 받아 판매하고 싶습니다. 아직 경쟁업체도 없는 것 같아서 획기적인 창업이 될 것 같습니다. 혹시 문제가 있을까요?

식품전문변호사의 답변

일단 식품위생법에 따라 위법일 수도 있고, 합법일 수도 있습니다. 우선 마카롱을 만들어서 판매하는 영업소의 경우 식품위생법 시행령 제21조(영업의 종류)에 따른 식품접객업(제과점영업)이거나 즉석판매제조가공업일 가능성이 큽니다. 이럴 경우 해당 영업소를 방문하거나 직접 주문하는 최종소비자에게만 판매가 가능합니다.

그런데 질문에 따르면 마카롱 온라인 판매를 기획하시는 분이 직접 모든 마카롱을 조리 또는 제조하는 것이 아니라 단순히 주문을 받아 전달하고, 배송을 담당하겠다는 의도로 보이는데, 이런 경우에는 식품위생법에서 특별히 정한 영업의 종류가 아니기 때문에 등록이 가능하지 않고, 본인 스스로 판매를 한다면 무등록 판매가 될 수 있습니다. 그렇게 되면 식품위생법에 따라 10년 이하의 징역 또는 1억 원 이하의 벌금에 처하거나 병과될 수 있습니다.

다만, 질문해 주신 분이 기획하는 마카롱이 식품제조·가공영업 등록을 한 영업자가 제조한 것이라면 합법입니다. 이는 불특정 다수의 소비자에게 판매될 것을 예상하고, 식품접객업보다 월등히 까다로운 위생관리를 통해 제조된 것이기 때문입니다. 이런 부분은 모두 영업의 종류에 따라 시설기준과 위생관리가 다른 이유입니다.

지금까지 국내에 존재하지 않았던 식품분야 창업을 준비하는 분들이 찾아오셔서 획기적인 아이디어임을 강조하시거나 외국에서 이미 성공했다는 이유로 국내 영업을 쉽게 생각하시는 분들이 많습니다. 그러나 국내에서 적용되는 식품위생법은 전문가인 제가 보기에 세계 어느 나라의 법보다 규제가 심하고, 세부적인 차이가 많기 때문에 이를 극복하는 것이 쉽지 않습니다. 그렇기 때문에 창업을 준비하거나 초기에는 비용을 부담하더라도 반드시 법률전문가를 찾아 국내에서 시행되는 각종 식품관련 법령에 위반될 소지가 없는지 확인하는 절차가 필요합니다.

물론 정부에서는 불필요한 규제를 완화하기 위해서 많은 노력을 하고는 있습니다. 그러나 안전과 직결된 식품의 경우 불신의 벽을 넘어 규제 완화까지 가기에는 너무나 많은 벽이 있고, 시간이 소요될 수 있으므로 되도록 이를 피해서 가는 것이 좋습니다.

공무원은 아무 때나 영업소를 방문해서 뒤져볼 수 있나요?

004

영업자의 질문

그저께 제가 영업을 나간 사이 공장에 공무원들이 방문했다고 합니다. 그런데 얘기를 들어보니 제 방에 맘대로 들어가서 이리저리 서류를 뒤지고, 작업장에서 발견된 생산일지 일부가 누락되었다고 담당직원에서 확인서에 서명하라고 강요했다는데, 이래도 되는 건가요?

식품전문변호사의 답변

식품위생법 제22조에서는 식품 등의 위해방지, 위생관리, 영업질서 유지를 위하여 필요하면 식품위생감시공무원이 영업자나 그 밖의 관계인에게 필요한 서류나 그 밖의 자료의 제출을 요구할 수 있다고 규정하고 있고, 이때 서류는 영업에 관계되는 장부나 서류를 말합니다. 다만 이 경우에도 말 그대로 요청하는 것이지 강제로 압수하거나 수색하는 것은 분명히 위법입니다.

특히 영업장소 이외의 장소에 대해서 임의로 개방하거나 수색하는 행위는 반드시 법원을 통해 압수수색 영장을 발부받아야만 가능한 것이므로 국민권익위원회나 감사원, 해당 행정기관의 감사담당관실에 위법 수색 및 압수를 행한 공무원을 고발조치할 수 있습니다.

또한 확인서 서명을 강요하는 행위는 법률에서 금지하고 있는 자백강요로서 내용에 대해서 제대로 숙지하고 인정하지 않는 경우에는 함부로 서명을 해서는 아니 됩니다. 확인서를 징구받는 경우 영업자나 관계자가 서명할 의무는 어디에도 규정되어 있지 않습니다. 이는 공무원이 업무 편의를 위해서 작성하는 문서로 확인서에 적시된 내용이 사실과 다르거나 자신에게 불리하여 서명할 필요가 없다고 판단되면 이를 거부할 수 있습니다.

간혹 이런 사실을 제대로 알지 못하고 서명을 했다가 추후 진행되는 재판에서 불리한 증거로 사용되는 경우가 있는데, 이럴 경우 반드시 전문가의 도움을 받아 잘못 서명한 확인서 내용을 즉시 바로잡아야만 합니다.

타인의 재산을 압수 또는 수색하기 위해서는 불가피한 사유가 있어야만 하며, 이런 사유의 적절성은 법원만이 판단할 수 있고 영장을 발부받아야만 가능한 것이므로 부적절한 공무원의 행위에 대해서는 적극적으로 방어할 필요가 있다는 사실을 명심해야 합니다.

4대보험, 퇴직금 안 주기로 합의했는데, 근로자가 신고할 수 있나요?

영업자의 질문

채용할 때 근로자가 필요없다고 해서 4대보험은 가입하지 않는 것으로 합의하고, 일용직이나 프리랜서로 등록해서 월급을 지급해 왔습니다. 당연히 퇴직금 같은 것도 안 주는 것으로 합의했고요. 그런데, 지난 주 그만둔 직원이 고발했다면서 노동청에서 전화가 왔습니다. 이런 상황에서 제가 처벌을 받나요?

식품전문변호사의 답변

근로기준법은 헌법에 규정된 근로조건의 기준을 정함으로써 근로자의 기본적 생활을 보장, 향상시키며 균형 있는 국민경제의 발전을 목적으로 제정되었습니다. 쉽게 말해 근로자를 위해서 만들어진 법률입니다.

노동에 대한 대가를 지급하는 외형적인 방법과는 상관없이 실제 고용형태가 근로계약이고 임금을 지급하는 것이라면 마땅히 관련 법령에 따라 사용자는 근로자를 대상으로 4

대보험을 가입하고 퇴직금을 지급해야 합니다. 이때 사용자와 근로자가 사전에 합의를 했더라도 이는 용인되지 않습니다. 결과적으로 근로기간에 따라 지급된 임금을 감안해서 퇴직금을 계산한 후에 14일 이내에 지급해야만 합니다.

4대보험의 경우 기간 경과 후 납부할 경우 가산금액을 함께 지급할 수 있으며, 다만 이 경우 근로자도 자신에게 해당되는 부분을 납부하게 됩니다. 이런 이유로 보통의 경우 지방노동위원회에 고발당할 경우 사건이 조속히 종결 처리되지 않고 기소되면 벌금형까지 받게 되므로 대다수가 합의를 신속히 진행해서 처리합니다.

다만 어떤 경우든지 결과적으로 사용자는 근로자에게 퇴직금과 4대보험 가입에 대한 부분에 있어서 피해를 줄 수 없습니다. 이런 사실을 제대로 확인하고 채용 전부터 임금을 제대로 계산해서 협의해야 합니다. 당장 비용절감을 위해서 합의서, 각서 등의 명칭으로 다양한 서류를 작성해서 보관하더라도 추후에 휴지에 불과할 뿐 아무런 도움이 되지 못합니다.

근로계약은 노동부 홈페이지에 있는 표준계약서를 작성하시거나 노무사 또는 변호사의 도움을 받아 준비하시면 됩니다. 일시적인 이익을 위해서 관련 법령을 위반할 경우 경험상 끝이 좋지 않은 경우가 많습니다. 특히 근로기준법과 관련된 것이라면 근로자 보호를 위해서 만들어진 법이기 때문에 규정된 조항을 영업자에게 유리하게 해석해서는 안 됩니다.

동업자가 몰래 동일한 제품을
다른 곳에서 판매해도 되나요?

006

영업자의 질문

홀로 창업하는 데 금전적인 어려움이 있어서 기존 영업을 하던 지인과 동업을 시작했습니다. 지인이 이미 사업을 하고 있어서 명의는 제 것으로 하되, 개인사업자로 했습니다. 그런데 얼마 전부터 동업자 사이트에서 제가 팔고 있는 동일한 제품을 판매한다는 소문이 있어서 확인해 보니 사실이었습니다. 막으려면 어떤 방법이 있나요?

식품전문변호사의 답변

우선 동업을 위해서 가장 효율적인 형태는 주식회사입니다. 주식회사를 설립해서 지분을 각자 보유하면 세금이나 여러 가지 복잡한 관계 등도 정리하기 쉽습니다. 일단 이 경우 동업 약정을 통해서 상호 간에 업무상 부조의무가 있음에도 불구하고 한 편이 그 임무에 위배되는 행위를 한 경우 형법상 업무상 배임으로 처벌받을 수 있습니다.

판례에 따르면 구체적인 위반 행위인지를 판단하기 위해서는 사무 성질, 내용 등 상황을 정확히 파악해서 법률의 규정, 계약의 내용 혹은 신의칙상 당연하게 기대되는 행위를 하지 않거나 당연하게 하지 말아야 할 행위를 함으로써 상호간에 신임관계를 저버리는 일체의 행위를 배임죄로 처벌하고 있습니다.

일단 형사로 고소하는 동시에 민사소송을 통해 판매금지가처분 신청을 할 수도 있고, 동업자가 판매한 금액에 상당하는 손해배상을 청구하는 것도 가능합니다. 이때 정확한 금액은 몰라도 됩니다. 소송을 통해서 동업자의 부가가치세 신고 내역이나 소득세 신고 내역을 통해 매출을 확인할 수 있는 방법이 있으며, 세금계산서 등 각종 서류를 통해서 대략의 가늠이 가능합니다.

일반적인 경업금지의무의 경우 상법에 규정에 따라 상업사용인·대리상·영업양도인의 경업금지의무와 합명회사와 합자회사의 무한책임사원 및 주식회사와 유한회사의 이사가 부담하는 경업금지의무 등이 있으며, 이 밖에 영업양도계약당사자의 특약이나, 영업주와 사용인간의 경업거래금지계약 같은 것이 있습니다만 이 경우에는 해당되지 않습니다.

일단 동업을 할 경우 정확하게 계약서를 작성하는 것이 가장 기본적으로 취해야 할 행동입니다. 계약서에 업무의 범위, 책임과 의무 등을 명확하게 규정하면 이와 같은 문제가 발생했을 때 훨씬 수월하게 문제를 해결할 수 있습니다.

홈페이지에 제품 안내가 잘못되어도 처벌받나요?

7

영업자의 질문

기타가공품을 온라인사이트를 통해 판매하고 있습니다. 며칠 전 원산지표시가 없다며, 농산물품질관리원이라는 곳에서 연락이 왔습니다. 찾아보니 해당 제품을 판매하는 사이트에 제품 표시 사진이 누락되어 중국이 원산지라는 내용이 포함되어 있지 않았습니다. 다른 사이트에서는 전부 제대로 기재하고 사진도 등록했는데, 정말 실수로 발생한 사건인데 그래도 처벌받나요?

식품전문변호사의 답변

식품을 판매하는 경우 표시나 광고는 2019. 3. 14.부터 시행하는 식품 등의 표시·광고에 관한 법률에 따라야 하며, 원산지에 대한 것은 농수산물의 원산지표시에 관한 법률을 준수해야 합니다.

일단 온라인 판매의 경우 실제 제품 표시면에 제대로 표시되어 있다면 표시가 아닌 광고의 문제로 볼 수 있는데, 광고 내용에 과실로 표시가 포함되지 않은 것으로 처벌받지는 않습니다. 다만, 원산지 표시는 별개로써 농수산물의 원산지 표시에 관한 법률 제6조에 따라 원산지 표시를 거짓으로 하거나 이를 혼동하게 할 우려가 있는 표시를 하는 행위, 원산지 표시를 혼동하게 할 목적으로 그 표시를 손상·변경하는 행위 등은 7년 이하의 징역이나 1억 원 이하의 벌금에 처해지거나 병과될 수 있습니다.

그러나 질의하신 내용에 따를 경우 고의성이 없는 것이 명확하고, 이에 따라 부당이익이 발생하지 않았고 단순히 담당 직원의 실수인 경우에는 처벌이 되지 않습니다. 형사처벌의 기본 원칙은 특별한 요건이 없는 한 고의성이 입증되어야 하기 때문입니다. 일단 이런 사건이 발생하면 담당자가 피의자가 되고, 회사도 양벌규정으로 처벌받게 될 수 있습니다. 그렇기 때문에 전문가의 도움을 받아 회사의 철저한 업무관리 현황을 소명해야 합니다.

일반적으로 이런 내용을 제대로 알지 못하고 농산물품질관리원에 소속된 특별사법경찰관에게 연락이 오면 크지 않은 벌금이라고 생각하면서 납부함으로서 사건을 종결하는 경우가 많은데, 이럴 경우 재범이 되거나 추후 다시 적발되면 실형을 받을 확률도 커지기 때문에 조심해야 합니다.

식품위생법 위반 여부를 공무원과 통화해서 확인했는데, 괜찮을까요?

008

영업자의 질문

지인이 저희 회사에서 제조하는 공정에 문제가 있다고 지적해서 정확하게 확인하기 위해서 관할 행정기관 공무원에게 전화해서 확인을 했습니다. 그런데 엊그제 담당 공무원이 단속을 나와서 위반이라고 합니다. 이래도 되는 건가요?

식품전문변호사의 답변

공무원이 유선으로 확인해 준 사안에 대해서는 이를 증명할 방법도 없고, 공무원 개인의 의견일 수 있어서 반드시 국민신문고나 공문서를 통해서 내용을 확보해야만 안심하실 수 있습니다.

실제로 공무원 교육을 통해 전국에 근무하는 1,000명 이상의 식품위생감시공무원에게 강의한 경력이 있습니다. 그런데 그 과정에서 굉장히 간단하고 단순한 문제에 대해서도 공무원들이 잘못 알고 있는 경우가 있어서 놀란 적이 있습니다. 실제로 실무를 하는 공무원들은 법률을 전공한 사람이 아니라 행정업무를 오랜 기간 하다 보니 얻은 경험과 지식으로 업무를 처리하는 경우가 많습니다. 물론 이런 경우에 대다수의 문제가 해결되기는 하지만 엄격하게 법률을 해석해야 하는 문제에 있어서는 결과가 달라질 수 있습니다.

결국 행정처분을 내렸는데, 행정심판이나 행정소송을 통해서 처분이 취소되는 경우 공무원이나 해당 행정기관의 판단이 옳지 않았다는 것이므로 공무원의 의견을 전적으로 신뢰할 수는 없습니다. 다만, 일반적인 경우에는 담당 공무원의 행정지도에 따르는 것이 가장 안전하나 이 경우에도 반드시 유선이나 구두보다 정확한 문서나 식품의약품안전처에서 발간하는 질의응답집을 확인하시는 것이 좋습니다.

실제 소송을 진행하다 보면 이런 경우가 많이 발생합니다. 과거에 공무원이 아무런 문제가 없다고 했지만 처분이 내리는 경우 실제로 행정기관의 판단이 변경될 수도 있습니다. 유권해석이 바뀔 수가 있는 것입니다. 물론 이런 경우 법원에서 신뢰보호원칙을 이유로 영업자의 손을 들어 주는 경우가 많습니다.

우선 질문해 주신 영업자처럼 확인을 위해서 담당 공무원에게 간단한 문의는 유선으로 하는 것이 좋고, 행정처분을 받을 만큼 중요한 것이라면 서류로 근거를 남겨 두는 것이 좋습니다.

검사기관에서 수거한 자가품질검사 결과에
문제가 있을 때, 방법이 없나요?

9

영업자의 질문

인근에 있는 검사기관 직원이 항상 저희 제품을 수거해서 가져갔습니다. 그런데 이번 여름에 온도가 40도에 육박했는데, 아이스박스에 얼음도 없이 가져간 것을 저희 직원이 봤다고 합니다. 결과도 부적합이 나와서 이미 식품의약품안전처 홈페이지에 올라갔고요. 이럴 경우 재검사는 불가능한가요?

식품전문변호사의 답변

검사 항목이 무엇인지 정확히 알 수는 없으나, 온도를 언급하신 것을 보면 미생물 검사라고 추정됩니다. 식품위생법 제23조에서는 다시 검사하는 재검사와 관련된 규정이 있으나, 자가품질검사는 해당되지 않습니다. 게다가 미생물 검사의 경우에는 재검사 항목에도 포함되지 않기 때문에 불가능한 것이 원칙입니다. 다만, 수거 과정에서 문제가 있었다면 방법이 없는 것은 아닙니다.

이미 다수의 사례를 통해 식품위생법 제7조에 따른 식품의 기준 및 규격에 규정된 검체 채취 방법을 위반한 사건을 해결한 경험이 있습니다. 다만 이런 경우 명확한 입증 과정이 있어야 하고, 각종 소송이 진행되기 전에 신속하게 모든 조치를 취해야만 합니다.

원칙적으로 제품의 검사를 의뢰하는 영업자가 직접 검사기관에 안전하게 전달해야만 합니다. 그러나 실무에서는 검사기관 영업사원들이 순회하면서 검체를 수거해서 전달하는 역할을 합니다. 이럴 경우 온도나 보관 상태에 아무런 문제가 없어 검사 결과가 적합으로 나오면 상관이 없지만 일단 질문처럼 부적합이 나오게 되면 검사 과정의 오류를 지적해서 뒤집는 것보다 훨씬 어려운 사건이 됩니다.

하지만 검사기관 직원의 수거 과실을 인정받는 것이 쉬운 것은 아니고, 해당 검사기관 역시 피해를 우려해서 이런 사실을 인정하지 않으려 할 것입니다. 자가품질검사는 원칙적으로 영업자가 스스로 하는 것이 원칙이고, 이런 이유로 모든 책임은 영업자에게 있습니다. 편리성을 쫓기보다 정확한 검사를 위해서 수거와 검사 모든 과정에서 주의를 기울여야 합니다.

공무원이 품목제조보고 신고를
안 받아 줘도 되나요?

010

영업자의 질문

신제품을 개발해서 구청에 품목제조보고 신고서를 제출했더니, 제품 명칭과 유통기한을
바꿔 오라고 하면서 받아 주지 않습니다. 방법이 없나요?

식품전문변호사의 답변

식품위생법 제37조 제6항에서는 영업자가 식품 또는 식품첨가물 제조·가공하는 경우
관할 행정기관에 그 사실을 보고하여야 한다고 규정하고 있습니다. 즉, 제조 자체는 영
업자의 자율로 하되 사실 관계만 보고하면 전부입니다. 그리고 해당 제품에 식품의 원료
로 사용하는 것이 금지되어 있거나, 제품 명칭이 소비자에게 오인·혼돈을 주는 경우 등
은 개별 조항에 따라 별도로 처벌을 받게 됩니다. 영업자 스스로 책임져야 한다는 의미
입니다.

그런데 일부 지방자치단체 담당공무원들이 품목제조보고 신고를 마치 허가로 오해하

고, 이를 거부하거나 부적절한 요구를 하는 경우가 많다고 합니다. 물론 담당공무원과 싸울 필요는 없고, 우호적인 관계를 맺는 것이 중요하지만 그렇다고 부당한 요구를 용인할 수는 없습니다.

식품위생법 시행규칙 제45조에서도 제조 및 가공하려는 영업자는 [별지43호]서식의 품목제조보고서에 관련 서류를 첨부해서 제품 생산 시작 전이나 제품생산 시작 후 7일 이내에 등록관청에 제출하여야 한다고만 규정되어 있습니다. 이때 첨부하는 서류로는 유통기한 설정에 관한 자료가 포함되어 있습니다. 간혹 유통기한 설정 사유서 때문에 거부를 당하는 경우도 있는데, 현행 법령상 유통기한은 영업자 자율로 정하도록 명시되어 있고, 「식품, 식품첨가물, 축산물 및 건강기능식품의 유통기한 설정기준」고시에 규정대로 이를 품목제조보고에 기재하고 첨부서류를 제출하면 그만입니다.

심지어 식품의약품안전처에서도 유권해석을 통해서 품목제조보고는 영업자가 행정기관에 보고로 완결되는 행위이며, 현행 규정에 행정기관의 검토·수리 등을 처리요건으로 규정하고 있지 않다고 명확하게 밝힌 바 있습니다.

식품제조·가공업을 하다 보면 법령을 이해하지 못하고 관행대로 처리하는 공무원이 있어 어려움을 겪는 경우가 발생할 수 있습니다. 이런 경우 전문가에게 의견서를 의뢰하여 담당공무원의 문제점을 완곡하게 지적하면서 법률적인 정확한 해석과 관련 판례 등을 첨부해서 제출하면 해결되는 경우가 많이 있습니다.

우리나라 식품위생감시원의 경우 식품의약품안전처 공무원을 포함해서 임용 당시 식품위생법이나 축산물위생관리법, 행정관련법에 대한 시험이 없거나 제대로 배우지 못하고 업무에 임하게 됩니다. 그러다보니 업무를 익히면서 잘못 익히는 경우도 많고, 업무에 유리하게 해석하는 경우가 종종 발생합니다. 이런 경우 최대한 협의를 통해 해결하려고 노력하는 것이 우선이지만 중대한 사안인 경우에는 어쩔 수 없이 정공법을 통해 문제를 해결하는 것이 좋습니다. 다만 영업자가 직접 부딪히는 것은 좋지 못하고, 전문가가 중간에서 중재 역할을 하는 것이 가장 바람직합니다.

영업정지 1개월 받아서 폐업신고 하려는데 수리 안 해 줘도 되나요?

11

영업자의 질문

영업이 제대로 되지 않아서 폐업을 준비하고 있었는데, 관계가 좋지 않던 근로자가 식약처에 고발을 해서 단속을 받았고, 결과적으로 영업정지 1개월의 행정처분을 명한다는 사전 통지를 받았습니다. 이미 영업부진으로 폐업준비를 하고 있던터라 폐업신고서를 시청에 제출했는데 받아 주지 않습니다. 내 공장을 내가 폐업하겠다는데, 공무원이 이래도 되는 건가요?

식품전문변호사의 답변

누구나 성공을 꿈꾸면서 창업을 하지만 현실은 대다수가 폐업을 한다는 통계가 있습니다. 특히 식품 창업의 경우 유난히 폐업율이 높은 것이 현실입니다. 하지만 일단 폐업을 하고 업종 변경을 하거나 새로운 아이디어로 재창업을 할 필요가 있습니다. 그런데 식품 위생법 규정과 달리 폐업신고가 쉽지는 않습니다. 특히 영업정지 등의 행정처분이 예정된 경우에는 거의 대다수의 행정기관이 무조건 폐업신고를 받아 주지 않을 겁니다.

식품위생법 제37조 제8항에서는 "제3항부터 제5항까지의 규정에 따라 폐업하고자 하는 자는 제71조부터 제76조까지의 규정에 따른 영업정지 등 행정 제재처분기간 중에는 폐업신고를 할 수 없다.〈신설 2011. 6. 7.〉"고 규정하고 있습니다. 이 조항에서 분명히 '행정 제재처분기간 중'이라고 명시하고 있지만 대다수의 공무원들은 이를 확장해석해서 행정 제재처분이 예정된 기간도 포함된다고 잘못 해석하고 있습니다. 이런 이유로 행정 처분 사전통지가 된 상황에서 영업자가 폐업신고를 제출하면 담당공무원은 거부하는 일이 빈번히 발생합니다.

이럴 경우 조속한 조치를 취하지 않고, 시간이 경과해서 실제 행정처분이 진행되면 폐업신고가 법적으로 불가능하게 됩니다. 전문가를 찾아 정확한 해법을 듣고 신속하게 관할 행정기관을 설득해서 처리해야 합니다. 그렇지 않을 경우 해당 영업장소를 양도하는데 문제가 발생해서 금전적인 손실이 발생할 수 있습니다.

행정기관은 직접 단속을 하거나 수사기관의 행정처분 의뢰 요청 공문을 받은 경우 해당 영업자를 찾아가서 확인서를 징구하고, 행정처분 사전통지를 하게 됩니다. 이후 영업 자로부터 의견을 받거나 청문을 개최한 후 실제 행정처분 명령서를 발송하는데, 이 모든 절차는 행정절차법대로 진행해야 하며, 기간은 대략 1개월 정도 소요됩니다. 이런 과정을 제대로 이해한 후에야 행정기관에 신속하고 정확하게 대응할 수 있습니다.

행정처분이 시작되기 전이라면 언제라도 무슨 사유라도 폐업신고가 가능합니다.

경쟁사가 우리 회사 홈페이지 보고 고발하는데, 방법이 없나요?

012

영업자의 질문

창업 3년차입니다. 매출도 늘어나고 회사 인지도도 높아지고 있는 상황인데, 최근 갑자기 시청 담당공무원으로부터 민원이 제기되었다는 전화가 계속 오고 있습니다. 우리 회사 홈페이지에 과대광고를 포함한 상품이 있다고 하면서 시정하라고 합니다. 의심 가는 업체가 있는데, 고발을 막을 방법은 없나요?

식품전문변호사의 답변

창업 초기에는 이런 문제가 전혀 없다가 어느 순간부터 행정기관이나 수사기관에서 민원 고발에 따른 사건이 많이 발생합니다. 경험에 비춰 보면 갑자기 위법한 영업을 한다기보다는 초창기에는 회사나 제품이 제대로 알려지지 않아서 경쟁업체나 담당공무원들이 신경을 쓰지 않았다가 일정 궤도에 올라 시장에서 인지되기 시작했다는 신호입니다.

일단 이럴 경우 전체적으로 제조 또는 판매, 광고 등의 모든 영업 행위에 위법 행위가 있는지 전문가를 찾아 조속히 검토를 할 필요가 있습니다. 그런 이후 크지 않은 문제라면 신속히 시정하고, 전체적으로 특별한 문제가 없다고 판단되면 적극적으로 대응을 해야 합니다. 현재 식품안전포털이나 1399를 통해 신고 접수된 민원은 행정기관에서 검토 후 일정 기간 내에 민원인에게 처리 결과를 통보하도록 되어 있습니다. 즉, 공무원이 임의대로 종결 처리할 수 없습니다.

과거처럼 공무원과 친분을 이용하거나 지인들을 통해 상명하달 식으로 인맥을 동원해서 문제를 해결하는 것이 거의 불가능해졌습니다. 민원인이 만족하지 않을 경우 담당 공무원을 신고할 수 있기 때문에 공무원 입장에서 매우 조심스럽게 행동하지 않을 수 없습니다. 그러나 민원 고발 자체를 막을 방법은 전혀 없습니다.

결과적으로 창업 초기 부실했던 자체 관리, 감독 부분을 강화하고, 관련 법령에 위반된 내용이 없는지 검토해서 수정하는 것이 행정처분이나 형사 처벌로 인해 고통받지 않고 안전하게 영업을 지속할 수 있는 유일한 방법입니다. 실제로 판매영업자의 경우 홈페이지 전체 검토부터 제품 표시 검토까지 다양한 예방 조치가 가능하며, 제조나 위생관리 역시 사전 예방이 어느 정도는 가능합니다.

식품은 한 순간의 작은 실수로 오랜 기간 쌓아 올린 영업이 한번에 사멸될 수 있기 때문에 매순간 긴장을 늦출 수가 없는 분야입니다.

해외에서 판매되는 원료를
국내 식품제조에 사용할 수 있나요?

13

영업자의 질문

캐나다에 여행 갔다가 굉장히 인기 있는 건강식품을 발견했는데, 원료를 보니 국내에서는 사용된 적이 없는 것이었습니다. 그래서 해당 제조업체와 어렵게 접촉을 해서 독점권을 따냈는데, 국내에 수입할 수 없다는 지인의 조언을 들었습니다. 이게 사실인가요?

식품전문변호사의 답변

해외에서 생활하신 분이나 수입식품판매업을 하시는 분들께서 가장 많이 하시는 질문입니다. 국내에서 식품 제조나 판매에 사용할 수 있는 모든 원료는 식품위생법에 따라 등록된 원료만 가능합니다.

인삼이라도 종류에 따라 사용 가능한 품종이 있고, 하나의 식품 원료인 식물도 잎이나 줄기 등이 각기 따로따로 식품 가능 원료로 구분될 수 있습니다. 이런 이유로 국내에서 아직 사용되지 않은 원료의 경우 해외 사용 여부와 무관하게 식품원료등록 여부부터 검토해야 합니다.

대표적인 예가 백수오와 이엽우피소입니다. 비슷한 종이지만 이엽우피소는 국내에서 식용으로 불가능한 원료이기 때문에 식품에 사용이 불가합니다. 물론 이럴 경우 해당 원료의 성분이 매우 우수하고, 독성 등의 안전성 문제가 없다는 검증이 있다면 식품원료 사용 등록을 신청할 수 있습니다. 다만 시간이 오래 걸리고 각종 입증을 위한 실험 비용이 만만치 않아 등록이 쉽지는 않습니다.

장기적으로 식용 가능 식품원료 등록이 점차 확대되고 있는 것은 맞지만 다른 나라에 비해 국내 식품위생법이 매우 엄격하고 안전성 문제가 워낙 민감한 사안이라 허가가 쉽지는 않습니다. 하지만 이미 다른 나라에서 널리 섭취되는 상황이고, 오랜 기간 안전성에 문제가 없었다면 포기할 일은 아니라고 판단됩니다. 사전에 어떤 준비가 필요한지 전문가와 상담을 통해 철저히 준비한다면 독점적인 권리를 누릴 수도 있습니다.

누구나 판매하는 제품으로 경쟁할 경우 대기업이나 글로벌기업들을 상대하기가 어려우나, 독특한 아이디어나 독점적인 원료라면 오히려 시장을 선도하는 일이 가능한 분야가 식품입니다. 식품원료 등록 검토부터 실제 등록까지 모든 컨설팅이 가능한 전문가를 찾아 서로 협력하는 것이 꼭 필요하다는 점을 기억해야 합니다. 그리고 최근 일반식품에 대해서도 기능성 표시를 허용하겠다는 정부의 발표가 있었던 만큼 건강식품시장의 활성화가 예상되오니 철저한 준비가 필요할 것입니다.

미국에 있는 줌피자 같은 이동식 판매업을 하고 싶은데 가능할까요?

014

영업자의 질문

신문을 보다가 미국 실리콘밸리에서는 대형트럭이 시내를 이동하면서 피자를 주문받아 조리해서 배달하는 회사인 줌피자(Zume Pizza)가 인기를 끌고 있고, 막대한 투자유치도 성공했다는 것을 알게 되었습니다. 우리나라에도 푸드트럭이 있다고 하던데, 미국의 줌피자 같은 이동식 판매업을 할 수 있나요?

식품전문변호사의 답변

줌피자(Zume Pizza)를 검색해보니 미국 실리콘밸리의 스타트업으로 나오고 질의하신 대로 주문을 받게 되면 로봇과 인공지능을 이용해서 영업장소에서 1차 조리를 하고, 시내를 운행하는 트럭으로 옮겨져서 주문자에 배달되는 과정에서 2차 조리가 완성되어 최종제품이 소비자에게 전달되는 것으로 보입니다.

결론부터 말씀드리면 우리나라에서는 이동하면서 조리를 하는 것이 위법하기 때문에 동일한 방식의 영업은 불가능하다고 판단됩니다. 식품위생법에 따르면 피자 판매는 휴게음식점 영업신고가 필요한 영업이고, 관할 행정기관에 신고하면서 영업장소를 정확하게 특정해야만 합니다. 그리고 특정된 장소에서만 음식의 조리가 가능합니다.

줌피자의 2차 조리가 이동 중에 진행되기 때문에 식품위생법에서 규정한 지정된 영업장소 이외에 조리행위로 간주되어 위법하게 됩니다. 다만 조리가 아니라 단순히 소비자에게 완성된 제품의 온도를 유지하기 위한 보온 수준이라면 가능합니다. 식품위생법에는 조리에 대한 명확한 정의가 없으나, 대법원 판결을 보면 단순히 컵라면을 섭취할 수 있도록 끓인 물과 탁자, 식기 등을 제공하는 행위를 조리로 볼 수 없다고 했고, 냉동만두를 찜통에 찌는 행위는 조리로 판단했습니다. 이런 판결에 따를 경우 피자를 오븐에 굽는 행위는 단순히 데우는 것과 차이가 있기 때문에 조리가 명확합니다.

식품위생법에 따라 영업이 가능한 푸드트럭도 조리 용기 등을 이동 가능한 운반구인 트럭에 설치하고 영업을 하고 있지만 실제로 이동은 허락되지 않고, 정해진 지정 장소에서만 고정된 상태로 조리 및 판매 등 영업을 하고 있는 것을 감안하면 이해가 쉽습니다. 영업장소가 이동으로 인해 특정이 불가능할 경우 감시·감독을 담당하는 관할 행정기관을 정하는 것이 어려운 문제도 있고, 위생과 안전문제도 발생할 수 있기 때문에 식품위생법에서 금지하는 것으로 해석됩니다.

식품창업을 준비할 때 식품 법률이나 규제는 어디에서 확인할 수 있나요?

15

영업자의 질문

식품창업을 준비하는 예비창업자입니다. 외국에서 다양한 식품분야의 창업에서 영감을 얻어 국내에서 창업을 시도해 보려고 하는데, 국내 식품법에 대해서 아는 것이 많지 않습니다. 창업컨설팅하는 회사들도 법률이나 규제는 잘 모르는 경우가 많던데, 어디에 문의해야 하나요?

식품전문변호사의 답변

식품창업을 준비하면서 중소기업청이나 농림축산식품부 또는 지방자치단체에서 운영하는 각종 온라인사이트를 통해 다양한 정보를 습득할 수 있을 것입니다. 그러나 질문처럼 식품관련 법률이나 규제에 대해서는 제대로 안내하는 사이트가 없습니다. 유일하게 식품의약품안전처에서 운영하는 식품안전포털사이트가 있으나, 필요로 하는 기본 정보만 제공되고 있습니다.

우선 제일 좋은 방법은 식품의약품안전처 홈페이지에서 관련 부서를 찾아 전화를 하거나 방문 상담을 통해 본인이 생각하고 있는 아이디어가 현행 법률에 위반되는지 확인하는 것이 가장 중요합니다. 이 밖에도 주소지 관할 구청 위생과에 가면 식품영업을 위한 조언을 들을 수 있습니다. 하지만 영업자가 원하는 정보를 완벽하게 이해하고 현행 규제나 정책에 대한 안내를 받기가 쉽지는 않을 것입니다.

부족하지만 이 책 외에『식품과 법률(김태민 저, 좋은땅출판사)』와『사례로 해결하는 식품사건(김태민 저, 좋은땅출판사)』가 이미 시중 온오프라인 서점에서 판매되고 있습니다. 그리고 식품음료신문이나 식품저널에 매주 새로운 주제로 식품법과 규제에 대한 칼럼이 연재되고 있으며, 네이버 블로그(http://blog.naver.com/foodnlaw)에는 700여 개의 식품법률과 규제관련 글과 동영상이 게재되어 있습니다. 유튜브에서도 '식품법률연구소' 혹은 '식품법무실무능력'이라고 검색하시면 40여 개의 동영상 강의를 무료로 수강할 수 있습니다.

다만, 창업자가 가지고 있는 아이디어에 따라 필요한 정보가 다를 수밖에 없기 때문에 정확한 상담이나 의견 교환을 통해서만 구체적인 조언이나 관련 법령 및 규제에 대한 설명이 가능합니다.

영유아나 고령자 대상 식품을 만드는 게 점점 어려워지는데, 방법이 없나요?

016

영업자의 질문

영유아용 식품을 제조 및 판매하고 있습니다. 최근 식약처에서 갑자기 영유아식품에 대한 기준 및 규격을 강화해서 큰 어려움을 겪고 있습니다. 그래서 고령자대상 식품을 제조하려고 하는데 이 역시 규제가 까다로워서 어려움이 많습니다. 이런 규제를 피해갈 수 있는 방법은 없나요?

식품전문변호사의 답변

2018년부터 영유아식품에 대한 기준 및 규격이 강화되고, 표시나 광고에 있어서도 더욱 엄격한 판단기준이 적용되다 보니 관련 영업자들이 굉장히 어려움을 겪고 있는 것이 현실입니다. 하지만 영유아식품의 경우 일반 성인이 섭취하는 식품과 달리 안전성에 매우 민감할 수밖에 없는 문제가 있고, 국회에서 지속적인 지적이 있었기 때문에 식품의약품안전처에서도 규제를 강화할 수밖에 없는 상황입니다.

또한 고령친화식품의 경우에도 식품위생법에 기준 및 규격이 규정되어 있기 때문에 이런 법령을 무시하고 제품을 제조한 후에 표시나 광고를 진행할 수 없습니다. 특히 고령친화식품의 경우 씹거나 삼키는 것이 어려운 고령자의 특성을 반영해서 경도 기준을 만들었고, 안전을 위해서 원료 준비 단계에 소독과 세척 기준을, 최종 제품에는 대장균 군(살균제품)과 대장균(비살균제품) 규격이 있으니 제조를 시작하기 전에 정확하게 내용을 확인할 필요가 있습니다.

그리고 영유아용으로 판매되는 식품(과자, 음료, 반찬류 등)에 살균 또는 멸균 처리를 의무화하고, 타르색소와 사카린나트륨 사용을 금지하는 제조·가공기준이 신설되었습니다. 이에 더불어 영유아식품에 대한 표시나 광고도 엄격하게 제한하고 단속을 강화하고 있어 영업자들은 더욱 주의해야 할 것입니다.

하지만 규제 강화가 무조건 단점만 있는 것은 아닙니다. 오히려 이렇게 기준과 규격을 강화하게 될 경우 신규 진입을 방지할 수 있는 기존 영업자들에게는 긍정적인 측면도 있습니다. 최근 영유아식 시장의 경우 출산율 저하로 규모는 크게 확대되고 있지 않지만 가격보다 품질을 우선시하는 경향이 더욱 뚜렷해지고 있어 역으로 이런 시장의 특징을 활용한다면 도움이 될 수도 있습니다. 고령친화식품의 경우 아직까지 시장이 형성된 것으로 보기 어렵고, 구매가능 계층의 범위가 크지 않아 조금 더 시장을 지켜보는 것이 필요하다고 판단됩니다.

공무원한테 단속받으면 이후 절차가 어떻게 되나요?

17

영업자의 질문

설 명절을 앞두고 공무원의 단속이 있었습니다. 유통기한과 원산지 표시를 허위로 했다가 적발되었습니다. 이후 절차는 어떻게 진행되나요?

식품전문변호사의 답변

우선 원산지 표시 위반의 경우 농수산물의 원산지 표시에 관한 법률위반이고, 관할 행정기관은 농산물품질관리원(농림축산식품부)입니다. 이 경우 시정명령의 행정처분과 예방 교육을 의무로 이수해야 하며, 7년 이하의 징역이나 1억 원 이하의 벌금에 처하거나 이를 병과할 수 있는 형사 처벌을 받게 됩니다.

유통기한 허위 표시의 경우 식품 또는 축산물인 경우 각각 식품위생법과 축산물위생관리법 위반으로 형사 처벌을 받게 되며, 동시에 영업정지 등의 행정처분이 진행됩니다. 형사 처벌은 1차 수사기관인 경찰이나 지역특별사법경찰관 또는 식품의약품안전처에서

조사해서 검찰로 송치를 하고, 범죄 사실의 경중에 따라 약식으로 기소되어 경미한 벌금형이 되거나 재판을 받게 됩니다.

행정처분의 경우에는 우선 최초 단속한 공무원의 소속이 영업자의 관할 행정기관이라면 그대로 처분을 하고, 그렇지 않은 경우 관할 행정기관에 행정처분 의뢰 공문을 보내면서 절차가 시작됩니다. 우선 단속 당시 공무원이 위법 사실에 대해서 확인서를 징구하거나 추후 현장 조사를 통해서 요구할 수도 있습니다. 이때 특별히 다툴 것이 아니라면 최대한 협조하는 것이 좋습니다. 이때 과징금으로 갈음하는 처분을 원할 경우나 행정심판 혹은 행정소송이 필요한 경우에는 의견서 제출을 하면서 주의를 해야 합니다.

의견서 제출 이후 특별한 문제가 없다고 판단되면 관할 행정기관에서는 행정처분 시작일을 명시한 처분 명령서를 영업자에게 발송하고, 해당일이 되면 자동으로 행정 제재 처분이 진행됩니다. 비록 잘못을 인정하더라도 유통회사와의 계약 관계 등을 고려해서 향후 행정심판이나 행정소송을 진행할 필요가 있는 경우 반드시 전문변호사와 상담을 통해 모든 결정을 할 필요가 있습니다.

일반적인 절차는 형사소송법과 행정절차법에 있는 규정대로 진행되지만 개별 사건의 경우 진행 일정 등이 차이가 있을 수 있으므로 주의를 요합니다.

상표나 특허를 내고 싶은데
비용이나 절차는 어떻게 되나요?

018

영업자의 질문

창업을 하면서 지인들이 회사 이름이나 저희 제품 브랜드에 대해서 상표를 출원하라는 조언을 하던데, 필요한 건지 궁금합니다. 그리고 우리 회사 제품을 가지고 특허를 받고 싶은데 절차와 비용도 궁금합니다.

식품전문변호사의 답변

회사 이름이나 브랜드가 일반적이지 않고 차별적인 경우, 그리고 다른 사람이 사용하는 것을 방지하기 위해서는 상표법에 따라 출원을 하는 것이 필요합니다. 상표출원은 쉽게 말해서 특허청에 자신이 독점적으로 사용하고 싶은 명칭을 분야를 정해서 신청하는 것입니다. 그리고 특허청에 소속된 심사관이 신청 서류를 검토해서 권리를 인정하게 되면 등록이 가능하다는 통지를 받게 되고 등록비용을 납부하면 절차가 종료됩니다.

일반적으로 상표 출원 후 등록까지 6개월에서 12개월 정도가 소요되고, 세금은 전체

30만 원 정도입니다. 이와 별도로 직접 진행하지 않고, 변리사나 변호사에게 의뢰할 경우 출원과 등록 시 각각 10~20만 원 정도의 대행 비용이 추가로 필요하며, 이 비용은 사무소마다 다를 수 있습니다.

식품에 대한 특허의 경우 기존에 없었던 신규물질이거나 제조 방법에 대한 것으로 구분할 수 있습니다. 최근에 제조 방법에 대한 특허 등록률이 점차 낮아지고 있기 때문에 출원 시 변리사 혹은 변호사와 상담이 필요합니다. 특허 출원과 등록도 상표와 절차부분은 다르지 않으나, 심사관의 검토 기간이 더 소요됩니다. 보통 12개월에서 18개월 정도로 예상하면 편합니다. 특허 등록이 급할 경우에는 우선 심사를 청구할 수 있는데, 이 경우에는 수개월의 기간을 단축할 수 있지만 비용을 추가로 부담해야 합니다.

특허 비용의 경우 세금은 대략 50~60만 원 정도가 필요하고, 대행 비용은 사무소마다 다를 수 있으나, 출원과 등록에 각각 최소 100만 원에서 발명의 복잡성에 따라 수백만 원에 이를 수도 있습니다. 그러나 상표에 비해 특허는 대행하는 변리사나 변호사의 전문성이 더 요구되기 때문에 단순히 가격으로 선택해서는 안 됩니다. 상담을 통해 내 아이디어, 발명을 제대로 이해하고 있는지가 가장 중요합니다.

갑자기 법령이나 고시가 개정되면 다시 바꿀 수가 없나요?

19

영업자의 질문

식품을 수입하고 있는데, 갑자기 고시가 변경되어 식품의 유형이 바뀌게 되었습니다. 이로 인해 관세가 달라져서 계속 수입할 경우 손해를 입을 것으로 예상됩니다. 고시를 다시 바꿀 수는 없나요?

식품전문변호사의 답변

식품의 경우 식품위생법 등 법규명령보다 고시 같은 행정규칙이 많아 수시로 변경되는 사례가 빈번하게 발생합니다. 영업자의 경우 이런 개정 사항들을 숙지하는 것이 의무기 때문에 각별한 주의가 요구됩니다.

우선 행정절차법에 따라서 법령이나 고시가 개정되기 전에 식품의약품안전처 홈페이지 등을 통해 예고를 하고 의견이 있는 경우 제출할 수 있는 기간을 반드시 공고합니다. 이때 해당 개정안에 자신의 영업과 관련해서 불합리한 부분이나 부당한 내용이 포함되어 있을 경우 개인이나 소속된 단체의 이름으로 의견서를 제출할 수 있습니다. 또한 이런 과정에서 공청회가 개최되거나 의견을 수렴하는 세미나 등이 있을 경우 적극적으로 참여해서 의견을 개진할 수 있습니다.

최근에도 참기름과 일반음식점에서 사용되는 향미유에 대한 식품의 기준 및 규격을 변경하려는 행정예고가 있었지만 의견 수렴 절차를 거쳐 기존안을 유지하는 것으로 결론을 내린 사례가 있었습니다. 이때 관련 영업자들과 전문가들이 세미나를 통해 고시 개정안의 문제점에 대해 지적하자 식품의약품안전처에서도 재검토를 실시했고, 결과적으로 개정안이 폐지된 것입니다.

그러나 위와 같은 사례는 관련 영업자들이 문제점 인식에 그치지 않고, 적극적인 의견 개진과 전문가의 도움을 받아 진행한 것으로 알려져 있습니다. 식품의약품안전처나 다른 행정기관에서는 이미 개정된 법령을 재개정하는 것에 대해 큰 부담을 가지는 것이 사실이라 가장 좋은 방법은 개정이 예고된 시기에 정확한 조사와 전문가 도움을 통해서 문제점을 지적하는 것입니다. 이때 소비자에 대한 설문이나 전문가 의견이 큰 도움이 됩니다.

결론적으로 개정된 법령이나 고시를 다시 개정하는 작업은 원천적으로 불가능한 것은 아니지만 현실적으로는 단기간 내에 실행되기 어렵다고 판단됩니다. 앞으로라도 식품의약품안전처 홈페이지에 공고되는 예고를 꼼꼼하게 챙기는 것이 필요합니다.

식품전문변호사를 찾아야 하는 이유는 뭔가요?

020

영업자의 질문

식품 창업을 준비하는데, 법인 설립부터 제조, 식품안전관리인증과 규제 등 다양한 문제를 상담하려고 검색을 해 봤지만 방법을 잘 모르겠습니다. 일반 변호사한테 찾아가 봐도 식품위생법 등 관련 법령을 제대로 알지 못해서 제가 알려 주는 경우가 많았습니다. 식품전문변호사가 필요한 이유는 무엇인가요?

식품전문변호사의 답변

국내 변호사 수가 3만 명에 가깝다고 하나, 실제로 어려운 일이 닥치면 누구를 찾아야 할지 막막한 것이 현실입니다. 법령이 4,000개가 넘는 현실에서 모든 변호사가 식품분야에 대한 막힘없는 답변을 드리기는 어려울 것입니다. 결국 전문변호사라는 것은 그 분야의 전문가들에게 인정받고 실제로 문제에 대한 현실적인 조언을 신속히 할 수 있어야만 합니다.

현재 대한변호사협회에서는 전문변호사 광고를 위해서는 일정 수준의 조건을 충족해야만 명칭을 사용할 수 있도록 규정하고 있으며, 식품전문변호사 역시 이런 규정에 따라 표시나 광고가 가능합니다. 또한 관련 교육이력이나 일부 사건 수행의 경험이 있더라도 식품 전반에 대한 실무를 이해하고 있어야만 영업자의 문제를 신속하게 파악하고, 조언을 해 줄 수가 있습니다.

식품을 전공하고, 식품의약품안전처에서 근무한 경험이 있으며 전국 식품위생감시공무원 1,000명 이상을 대상으로 강의한 경력이 있고, 다양한 식품 형사 및 행정 사건을 수행한 이력과『식품과 법률』,『사례로 해결하는 식품사건』이라는 두 권의 전문 서적을 출간한 전문변호사라면 식품 관련 영업자에게 발생하는 문제를 누구보다 적절하게 해결할 수 있을 것입니다.

또한 대기업과 글로벌기업, 유명 식품스타트업 기업에 대한 고문변호사로 활약하면서 다양한 종류의 자문과 상담을 진행한 경험과 식품 전문지 등에 수백 편의 칼럼을 연재하면서 식품 법률과 규제에 대해 고민한 변호사라면 영업자의 편에서 필요한 조언이 무엇인지를 먼저 알고 다가갈 수 있을 것입니다.

식품법 외에도 일반 계약, 노무, 지적재산권 등 다양한 일반 법률문제도 상담이나 조언이 가능하기 때문에 식품분야에 창업을 준비하거나 시작해서 경영하고 있는 영업자라면 당연히 도움을 받을 수 있을 것입니다.

끝없는 도전을 위하여

'성을 쌓고 사는 자는 반드시 망할 것이며, 끊임없이 이동하는 자만이 살아남을 것이다'라는 문구는 돌궐제국을 부흥시킨 명장 톤유쿠크 장군의 비문에 적혀 있는 말입니다. 우리는 지금 경제가 어려워지고 모든 상황이 비관적으로 변해가면서 공무원 시험에 우수 인재들이 몰리는 현상이 발생하고, 대기업과 공공기관에 동시에 합격한다면 안정된 직장인 공공기관에 가겠다는 청년들이 더 많은 시대에 살고 있습니다. 하지만 이런 환경에서도 도전 정신을 잃지 않고, 자신의 노하우나 기술, 아이디어를 가지고 창업 시장의 문을 두드리는 사람이 여전히 많습니다.

분야의 특성상 가장 흔히 접할 수 있는 일반음식점이나 분식점부터 첨단 과학과 정보시스템이 결합한 푸드테크까지 식품분야의 창업이야말로 천차만별의 다양한 창업자가 모여드는 곳이기도 합니다. 그리고 아이디어나 기술만큼이나 규제나 법령이 중요한 분야이기도 합니다. 그동안 서울먹거리창업지원센터 멘토링 위원을 역임하는 등 각종 식품 창업자들의 애로 사항에 대한 상담을 진행하면서 도움이 되고자 이 글을 쓰게 되었고, 이제야 책으로 출간하게 되었습니다.

부족하지만 8년간의 식품전문변호사 생활을 통해서 얻은 지식과 경험을 여러 창업자들과 공유하고자 시작한 일입니다. 투자나 노동, 세금 등 더 다양한 부분을 깊게 담고 싶었지만 그러기에는 능력이 부족하고 이 책의 목적과 맞지 않는 것도 있었습니다. 이 책은 식품분야에서 창업을 준비하거나 이미 시작한 영업자에게 개괄적인 문제를 알려 주고 해결하는 방법을 찾는 것을 도와주는 것이 목적이었습니다. 구체적인 해결책은 결국 전문가의 도움을 받거나 상담이 필요할 겁니다.

지금까지 세 번의 창업을 경험했고, 현재도 두 개의 사업을 하고 있는 입장에서 창업이란 자신의 모든 것을 쏟아부어야만 그나마 유지할 수 있다는 교훈을 얻었습니다. 직장인들을 폄하하는 것은 아니지만 그만큼 창업자로서의 어려움은 직장인들로서는 상상하기 어려운 것이 사실입니다. 물론 창업자는 그냥 갑자기 나오는 것이 아니라 다양한 경험을 통해 시작하는 것이므로 현재 식품분야에서 종사하는 직장인들이 미래 창업자 시장에 진입할 확률이 가장 크다고 생각합니다. 자신이 잘 알거나 경험하지 못한 창업은 권하고 싶지도 않습니다. 실제로 많은 식품분야 창업자들은 이미 관련 업종에 종사한 경험이 있다는 점은 어찌 보면 당연한 겁니다.

식품분야의 창업은 각종 규제와 민감한 소비자들로 인해 신고와 처벌이 흔하게 발생하기 때문에 종업원 관리와 지속적으로 변화하는 법령과 규제를 계속해서 주시해야 합니다. 갑자기 법령이나 고시가 개정되는 경우가 많기도 하고, 실제로 매년 수십 차례 개정이 있습니다. 이밖에 다른 어떤 분야보다도 처벌이 강력하고 여차하면 전과자가 되거나 영업정지 등의 회복 불가능한 피해를 받을 수도 있다는 점도 명심해야 합니다. 마케팅이나 입지, 영업 등도 중요하지만 식품분야 창업이나 경영에서 가장 주의할 점은 법률 규정을 제대로 알고 피하는 것입니다. 그래서 이런 책이 필요하다고 생각했습니다.

식품분야 창업 준비와 창업 후 안정화를 이루는 시기까지 혹은 시장에서 주도적인 회사가 된 후에도 언제나 위생과 안전을 가장 중시해야만 합니다. 식품분야 영업자라면 이 점을 영업을 하는 매 순간 잊어서는 안 됩니다. 한순간에 공든 탑이 무너질 수 있기 때문입니다. 아무쪼록 이 책이 창업자들에게 성을 박차고 나가서 싸울 수 있는 필살기가 되었으면 하는 바람입니다.

식품창업 · 경영 · 법률

50가지
조언과
질의답변
20가지

ⓒ 김태민, 2019

초판 1쇄 발행 2019년 7월 12일
　　2쇄 발행 2019년 12월 12일

지은이　　김태민
펴낸이　　이기봉
편집　　　좋은땅 편집팀
펴낸곳　　도서출판 좋은땅
주소　　　서울 마포구 성지길 25 보광빌딩 2층
전화　　　02)374-8616~7
팩스　　　02)374-8614
이메일　　gworldbook@naver.com
홈페이지　www.g-world.co.kr

ISBN　979-11-6435-442-9 (03360)

이 도서의 국립중앙도서관 출판예정도서목록(CIP)은 서지정보유통지원시스템 홈페이지(http://seoji.nl.go.kr)와 국가
자료공동목록시스템(http://www.nl.go.kr/kolisnet)에서 이용하실 수 있습니다. (CIP제어번호: CIP2019025310)